2017 年国家体育总局体育科学研究所基本科研业务费资助项目

健身操运动的理论与实验研究

——以骨关节活力操为例

张 铭 王震宇
杨本升 李子军 著

北京体育大学出版社

策划编辑　佟　晖
责任编辑　佟　晖
审稿编辑　董英双
责任校对　赵红霞
版式设计　博文宏图

图书在版编目（CIP）数据

健身操运动的理论与实验研究：以骨关节活力操为例/张铭等著．－－北京：北京体育大学出版社，2018.6
ISBN 978－7－5644－2956－0

Ⅰ.①健…　Ⅱ.①张…　Ⅲ.①关节－保健操－研究
Ⅳ.①G831

中国版本图书馆 CIP 数据核字（2018）第 145670 号

健身操运动的理论与实验研究
——以骨关节活力操为例　　张　铭　等著

出　　版　北京体育大学出版社
地　　址　北京海淀区信息路 48 号
邮　　编　100084
邮 购 部　北京体育大学出版社读者服务部 010－62989432
发 行 部　010－62989320
网　　址　http：//cbs. bsu. edu. cn
印　　刷　北京虎彩文化传播有限公司
开　　本　710mm×1000mm　1/16
成品尺寸　228mm×170mm
印　　张　9
字　　数　150 千字

2018 年 10 月第 1 版第 1 次印刷
定　价　30.00 元
（本书因印制装订质量不合格本社发行部负责调换）

前 言

体质与健康素质是人类生产和生活的物质基础，是国民素质的重要组成部分，与人民生活和国家发展息息相关，运动健身是提高体质与健康素质的重要手段。2014年10月2日，国务院颁布《关于加快发展体育产业促进体育消费的若干意见》国发〔2014〕46号，首次将全民健身上升为国家战略，全民健身成为实现健康中国战略目标的重要保障。没有全民健康，就没有全面小康。2016年8月26日中共中央政治局审议通过“健康中国2030”规划纲要。“健康中国2030”规划纲要是今后15年推进健康中国建设的行动纲领。骨关节活力操正是在这种大背景下由国家国民体质监测中心科研团队经过几年的努力研制，在2016年发布的一套健身操锻炼方法。骨关节活力操完成创编之初，从2016年下半年开始，在由国家体育总局体育科学研究所主办的2016年和2017年科学健身中国行的22城市中进行推广。各承办城市派健身操教练参加全国骨关节活力操培训班，学会后在各自城市组织人员进行教学和练习，参加科学健身中国行活动的骨关节活力操展演活动。参加骨关节活力操学习和练习的受益群众达1.5万人。受到参与群众的欢迎，取得良好的社会效益。同时，把骨关节活力操理论与实验列入课题进行研究，从科学角度，进一步探索了骨关节活力操对人的生理机能等健康方面的有效与有益的影响；从专业角度，进一步对比了骨关节活力操较之其他健身操突出的功能与特点。

本书立足于指导性和实用性，从基础理论和操作实践两个方面深入讲述骨关节活力操知识和方法。本书不仅介绍了骨关节活力操理论研究和实验研究的成果、在社会推广的情况，而且介绍健身操的基本知识、运动健身指导内容和补充骨关节活力操的其他运动方式等，本书内容丰富，具有科学性、通俗性、知识性和实用性，能让更多的健身爱好者了解骨关节活力操是一项安全、有效、科学的锻炼方法。同时，能让大家更好地了解科学健身方法。这对促进全国群体健身运动的开展与发展，丰富群众体育形式，改善人民的健康状况都有着重要的现实意义和指导价值。

在编写过程中，参考借鉴了国内外专家学者的文献，得到了国家体育总局、济南市全民健身中心等方方面面的支持和帮助，借此表示衷心的感谢。由于作者水平有限，缺点和错误在所难免，敬请读者指正。

作　者

2018 年 12 月

目录 Contents

理论篇

实验篇

理 论 篇

第一章 健身操运动的基本知识

第一节 健身操运动的定义、起源和发展

一、健身操运动的定义

健身操是在音乐伴奏下、以徒手体操动作为主体的身体练习为基本手段、以有氧运动为基础的一项体育运动。健身操以健身、娱乐和欣赏为目的，将体操、舞蹈、音乐融为一体，是广大健身爱好者塑造形体、提高气质、陶冶情操的大众健身方式。

二、健身操运动的起源

健身操运动源于20世纪70年代末。英文原名“Aerobics”，意为“有氧运动”“健身健美操”。有氧运动最早由美国人Kenneth Cooper博士于20世纪60年代开始

在美国推广。有氧运动原来只强调有氧运动的重要性，并且以训练心肺功能为主要目的，最早以有氧跑步健身为主。从广义而言，健身操是指以徒手体操动作为主体，以体操运动训练的方法为手段，以促进身体正确姿势和形态的形成，塑造美的形体，提高协调功能，达到形体美、姿态美和动作美有机结合为目的的身体锻炼动作组合。80 年代初，美国健身、影视明星简·方达根据自己的健身经验和体会大力推广有氧健身操的运动，1981 年，她编写出版了《简·方达健美术》引起了世界的轰动，这对健身操运动在全世界的发展起到了积极的作用。

三、健身操运动在中国的发展

健身操运动于20 世纪 80 年代传入中国，刚引入中国的时候，名称众多，将它称之为“韵律操”“健美操”“健康舞”“有氧操”“节奏操”等等。随着此项运动开始在我国兴起，报纸杂志上刊登了介绍和探讨美育的文章，并编排了一些成套的动作，如“女青年健美操”“哑铃健美操”等，从此，追求人体健与美的“健美操”一词迅速被广大体育工作者所采用。随后，再经过媒体的宣传和报道，促进了人们对健美操运动的了解和认识，尤其是其新颖的锻炼方式和良好的健身效果引起了人们的广泛关注，就此健美操运动在我国逐渐兴起。

1998 年，国家体育总局将健美操项目归属于国家体育总局体操运动管理中心管理。我国健美操开始正式与国际交流和接轨，与其他健美操项目会员国家一起追随着国际体操联合会（FIG）共同致力于使健美操运动朝着竞技化的方向发展，并且力图将健美操项目推向奥运会。我国的健美操运动开始追求动作的复杂性和高难性，健美操项目开始出现竞技健美操和健身健美操之分。2007 年，为了进一步做好健身健美操的普及和整合工作，中国健美操协会对健身健美操竞赛规则进行了重大改革，在全国大赛中大大增加了健身（大众）组的设项，并且在 2009 年下发的《（2009—2012）竞技健美操竞赛规则》中首次增加了《普及组评分指南》。随着 2009 版规则中《普及组评分指南》的颁布，“健身（大众）健美操”也开始被称为“普及健美操”。

2008 年之后的后奥运时代，随着国家体育战略重心的调整以及《全民健身条例》的颁布，“普及健美操”又迎来了新的发展机遇。中国健美操协会开始加大力度推广和普及健美操运动，在原有的《全国健美操大众锻炼标准（2009）》的基础上，推出了《普及组有氧健美操规定动作（2010）》《全国普及性健美操全民推广套路（2011）》。2011年，还在全国各省市进行了“普及健美操”系列推广活动和赛事，2011年11月经国家体育总局体操运动管理中心批准，中国健美操协会又将“普及健美操”更名为“全民健身操”。

总之，在中国，作为体育项目的健身操运动引入国外的健美操运动，并经历了从“韵律操、健美操——大众健身操、健身健美操——普及健美操——全民健身操”这样的历程。目前，我国已基本拥有各种类型的健身操项目，社会各阶层继续以较大的热情推广着健身操运动的开展，青年人、中年人，甚至老年人都纷纷加入健身操锻炼的行列。

第二节　健身操运动的特点、功能和注意事项

一、健身操运动的特点

（一）体操化动作是健身操的主要结构

由于健身操的目的是健身，因而它的动作多数按照人体的解剖特征进行编排，健身操运动不仅保留了体操的各种类型的基本动作，而且从舞蹈和武术当中吸收了很多动作，经过加工提炼使之成为健身操运动的特有动作。而且，为了保证一定的运动负荷和锻炼的全面性，动作多有重复，常以对称的形式出现，并按照一定的顺序来锻炼身体的各个部位，从单个动作和成套练习的编排来看，健身操动作简单易学、活泼流畅、节奏感强、有针对性、讲求实效。既能全面地锻炼身体，又能有重点地锻炼身体某些部位。

（二）投资较少，具有节省资源的经济性

经济基础决定上层建筑，我国目前的经济状况决定了我国绝大部分群众不会在健身上投入太多。他们青睐的是那些投入少，回报多，效果好的健身方式。健身操运动是社会和个人都投资较少的体育项目。因为它不像羽毛球、乒乓球和网球等需要专门的陪练、场地和器材，只要有一块空地就可以开展，相对来说，从事健身操运动花费不是太多。

（三）练习动作简单易学，利于普及，可操作性强

健身操运动只有几种简单的基本步伐，再配合手臂动作，运动频率和强度都易控制，动作简单而不乏味，优美而不难掌握，再有优美动听的音乐伴随，能使人产生浓厚的兴趣。短时间内便可掌握。老少皆宜，面向的人群具有广泛性。由于健身操运动便于掌握，它可为社会不同年龄、层次、性别、职业的人所选用，不论男女老少，不论什么工作阶层只要有兴趣，都可以参与其中。有关调查表明，现在参加体育锻炼的人当中，选择健身操运动的比率较高。

（四）音乐伴奏运动的优点

在音乐的伴奏下进行各类动作的练习是健身操运动的基本形式。研究表明，音乐有控制脑细胞兴奋的作用，能对人的情绪产生影响。而健身操练习具有较强的节奏性，大多选择曲调欢快，节奏强劲，能很快调动人的兴奋性的音乐进行伴奏，以产生烘托气氛，激发参与者情绪的效应，通过热情奔放的动作与音乐的完美结合，健身操运动成了有感情、有灵魂、有声有色的体育艺术，使锻炼的过程充满了乐趣与艺术享受。

（五）不受场地器材、气候、时间等条件的限制，易于普及和开展

场地自由，健身操不需要刻意地选择场地，在一定程度上弥补了某些地区体育场地不足的现状。在露天广场、公园空地，甚至只需一块小场地就可以进行，在一些大中型城市，体育俱乐部中的健身操运动项目的快速发展也为广大健身操运动爱好者提供了广泛的参与场所。

（六）健身操运动是集挑战性与娱乐性为一体的体育运动

健身操的内容丰富，学习起来有兴趣也有乐趣。它是一种非常时尚，人人爱参与的运动项目。健身操运动的动作丰富多样，有些动作也要求一定的幅度和力度，因此具有较高的挑战性；此外，健身操运动又有容易学习的体态优美的身体动作，在锻炼的同时让你感到轻松无压力，锻炼热情也能得到极大的提高，这使锻炼成为一种享受，一种娱乐，因此原本很乏味、很辛苦的锻炼过程也变得轻松愉快，乐趣无穷。

（七）集体练习为主

健身操运动的一大特点是很多人在一起锻炼的，以集体练习为主。参与者不仅能锻炼身体，还能排遣消极的心理，不会感到孤单寂寞，能交到不少朋友。在集体运动中，参与者在追求积极向上的集体荣誉感、团队感时，能增进彼此之间相互交往的亲和感，得到对集体的信赖感和依托感。这些都会对参与者的心理产生积极的影响，提高社会适应能力。

二、健身操运动的功能

（一）对身体形态、姿态的影响

随着人们工作节奏的加快和生活水平的提高，人们的饮食结构发生了很大变化，工作节奏和生活压力也逐步加大，参与休闲娱乐和体育运动的时间减少，随之带来很多与现代生活方式有关的疾病。例如，超重肥胖者越来越多，轻者成天无精打采，重者危害身心健康，甚至影响家庭幸福。健身操运动是一项时间较长，强度适中的有氧运动，会消耗大量的热量，对提高身体机能，消耗体内脂肪有着积极的作用，它把音乐和运动结合起来，使练习者在一个宽松、和谐、愉悦的环境中，不知不觉地运动起来。健身操运动中，肢体运动幅度大，身体各大小肌肉群在运动中都能参与，不但可以消耗一定的脂肪，实现了减肥瘦身的目的，同时有氧运动也可以使肌肉纤维变得有弹性，从而达到强身健体的目的。通过健身操运动，全身肌肉得到发展，胸部、腹部、臀部都有了积极向上的感觉，还可以改掉低头、含胸、驼背、耸肩、走路外八字、翘臀、伸脖子等不良姿态，整体形象会有很大的改变。因此，健身操运动有助于人的身体姿态和形体健美，能够有效地预防超重肥胖症的发生，同时能有效地纠正不良姿态，改善人体形态。

（二）对运动系统的影响

健身操运动对运动系统是一种极好的锻炼手段。可以改善骨骼肌肉的弹性、韧性和强度，提高拮抗肌的控制、稳固、协调能力；可使肌纤维变粗，而且坚韧有力，使其中所含蛋白质及糖原的储备量增加；可以防止骨的畸形发展；同时还可改善骨的血液循环及代谢，使骨外层的密质增厚，骨质更加坚固，从而提高骨骼系统的抗折断、弯曲、扭转的能力；提高韧带的韧性和关节的牢固性、灵活性、伸展性和柔韧性，增强承受能力和运动能力，同时可以防止伤害事故的发生。进行健身操运动，能全面地锻炼身体，它既有小关节的动作，也有大肌肉的练习，能使平常不易活动到的肌肉和部位得到较充分的锻炼。因此，锻炼的全面性是健身操运动的一大优势，使人们的运动系统功能得以提高和改善。

（三）对心血管系统的影响

进行健身操练习时，身体的耗氧量会增加。对血液循环的要求提高，在一定程度上加大了心脏的工作负荷，随着心输出量的增加，心脏冠状动脉的血液量也增加，保证了对心肌氧气及营养物质的供应，所以经常进行健身操锻炼可以使心脏和整个循环系统的功能处于较好的水平。同时健身操运动可以改善血管收缩和舒张功能，加强血管壁细胞的氧供应，促进血液脂质代谢，降低血脂，减少脂肪在动脉血管壁上的沉积，延缓血管硬化，使机体安静时的血压下降；可使血液中的血细胞、红细胞和血红蛋白的数量增加，提高身体的营养水平、代谢能力和对疾病的抵抗力；还可使心血管的结构改善，弹性变好，机能提高，从而减少各种心血管疾病。健身操活动持续时间料长，参与的身体部位多，通过锻炼可使心血管系统的机能得到提高。

（四）对呼吸系统的影响

健身操练习中的许多动作，如蹲、跳、转体、扩胸运动等动作可有效地增加肺毛细血管的数量和密度，可提高人体呼吸肌（肋间外肌、肋间内肌、膈肌等）的力量，增大胸廓活动的幅度，提高或保持肺活量，增强肺泡的弹性，保持较好的肺通气能力，增加肺通气量，提高每次呼吸的气体交换量与最大吸氧量的能力。

（五）对心理的影响

健身操运动可以缓解精神压力，娱乐身心。随着时代的发展和社会的进步，人们在享受科学技术所带来的舒适生活和各种便利的同时，也受到了来自方方面面的精神压力。研究证明，长期的精神压力不仅会引起各种心理疾患，而且许多躯体疾病也与精神压力有关，如高血压、心脏病、癌症等。体育运动可以缓解精神压力，预防各种疾病的产生是科学研究已证实的事实。而健身操运动作为一项体育运动，以其动作优美、协调、锻炼身体全面，同时有节奏强烈的音乐伴奏而著称，是缓解精神压力的一剂良方。在轻松优美的健身操锻炼中，参与者的注意力从烦恼的事情上转移开，忘掉失意与压抑，尽情享受健身操运动所带来的欢乐，得到内心的安宁，从而缓解精神压力，使人具有更强的活力和最佳的心态。另外，健身操锻炼以集体练习为主，增强了人们的社会交往。目前，无论是国外还是国内，人们参加健身操锻炼的方式是在健身操教练的带领和指导下集体练习，而参与健身操锻炼的人来自社会的各个阶层。因此，这种形式扩大了人们的社会交往面，把人们从工作和家庭的单一环境中解脱出来，可接触和认识更多的人，开阔眼界，从而为生活开辟了另一个天地，大家一起跳、一起锻炼，共同欢乐、互相鼓励，有些人因此成为好朋友。因此，健身操锻炼不仅能强身健体，同时还具有娱乐功能，可使人在锻炼中得到一种精神享受，满足人们的心理需要。

三、健身操运动的注意事项

在进行健身操运动时，为了避免受伤和达到良好的健身效果，练习者锻炼前应做好身体各部关节、韧带、肌肉的准备活动，防止受伤；锻炼结束要做整理活动，使身体各部逐渐转入安静状态，然后休息至少 30 分钟以后，方可洗澡和进餐。

练习者应根据自身的体质和承受活动能力，控制和安排运动强度和运动时间。初练者每次锻炼后，应以少量出汗，略有疲劳感，心率一般在 120 次/分左右为宜，总的练习时间不超过 1 小时。有了一定锻炼基础后，可适当延长锻炼时间，排汗量和疲劳感都有所增加，心率最高可达 140 次/分。随着锻炼水平的提高，体质的增强，运动强度和运动总量都可以适当增加。

要根据个人的具体条件，确定锻炼目的，选择有针对性的健身操种类。练习中精神专注、姿势正确、动作要领准确，以保证练习质量和锻炼效果。选择有弹性、纯棉、柔软的健身服。运动的鞋子不仅要大小合适，而且要有衬垫，并具备一定弹性和弯曲性。切忌穿高跟鞋和厚底鞋。有慢性病的练习者应在医生的指导下进行锻炼。

第二章 运动健身指导

第一节　运动健身与健康、体质的关系

一、运动健身与健康

（一）健康新概念

联合国世界卫生组织提出的“健康”新概念是：“健康，不但是没有身体缺陷和疾病，还要有完整的生理、心理状态和社会适应能力。”健康的新概念意思是说：人类的健康不能只是说有没有病，还应包含有人体生理机能上的健康，心理上的健康，以及人们对自然社会和人类社会的各种适应能力及健康的生活方式和行为方式。这几个方面的关系是极其密切的，是相辅相成、互相影响、互相促进的。又是统一的，不可偏废的。

世界卫生组织对健康的定义：（其中前四条为心理健康的内容，后六条则为生物学方面的内容）

（1）有充沛的精力，能从容不迫地应付日常生活和工作压力而不感到过分的紧张。

（2）处事乐观，态度积极，乐于承担责任，事无巨细不挑剔。

（3）善于休息，睡眠良好。

（4）应变能力强，能适应外界环境的各种变化。

（5）能够抵抗一般性感冒和传染病。

（6）体重得当，身材均匀。站立时，头、肩、臂位置协调。

（7）眼睛明亮，反应敏锐，眼睑不易发炎。

（8）牙齿清洁，无空洞，无痛感，齿龈颜色正常，无出血现象。

（9）头发有光泽、无头屑。

（10）肌肉、皮肤有弹性，走路轻松有力。

（二）亚健康

现代医学认为，亚健康即指非病非健康状态，这是一类次等健康状态（亚即次等之意），是介于健康与疾病之间的状态，故又有“次健康”“第三状态”等称谓。

亚健康是个大概念，包含着前后衔接的几个阶段：其中，与健康紧紧相邻的可称作“轻度心身失调”，它常以疲劳、失眠、胃口差、情绪不稳定等为主症，这些失调容易恢复，且恢复了就与健康人无异。它约占人群的25%～28%。这种失调若持续发展，可进入“潜临床”状态，此时，已呈现出发展成某些疾病的高危倾向，潜伏着向某病发展的高度可能。在人群中，处于这类状态的超过30%，且在40岁以上的人群中比例陡增。他们的表现比较错综复杂，可为慢性疲劳或持续的身心失调，包括前述的各种症状持续2个月以上，且常伴有慢性咽痛、反复感冒、精力不支等。也有专家将其错综复杂的表现归纳为3种减退：活力减退、反应能力减退和适应能力减退。从临床检测来看，城市里的这类群体比较集中地表现为“三高一低”倾向，即存在着接近临界水平的高血脂、高血糖、高血黏度和免疫功能偏低。另外，至少超过10%的人介于潜临床和疾病之间，可称作“前临床”状态，指已经有了病变，但症状还不明显或还没引起足够重视，或尚未求诊，或即便医生做了检查，一时尚未查出。严格地说，最后一类已不属于亚健康，而是有病的非健康状态，只是有待于明确诊断而已。因此，扣除这部分人群，也有不少研究者认为亚健康者约占人群的 50% ~60%。造成亚健康的原因，主要有以下几个方面：

1. 心　理

古人云："万事劳其行，百忧撼其心。"高度激烈的竞争，错综复杂的人际关系，使人思虑过度，素不宁心，不仅会引起睡眠不良，甚至会影响人体的神经体液调节和内分泌调节，进而影响机体各系统的正常生理功能。

2. 营　养

现代人饮食往往热量过高，营养素不全，加之食品中人工添加剂过多，人工饲养动物成熟期短、营养成分偏缺，造成很多人体重要的营养素缺乏和超重肥胖症增多，机体的代谢功能紊乱。

3. 环　境

科技发展、工业进步、车辆增多、人口增加，使很多居住在城市的人群生存空间狭小，空气污染，倍受噪音干扰，对人体的心血管系统、呼吸系统和神经系统产生很多不良影响，使人烦躁、心情郁闷。高层建筑林立，房间封闭，一年四季使用空调，长期处于这种环境当中，空气中的负氧离子浓度较低，使血液中氧浓度降低，组织细胞对氧的利用降低，影响组织细胞正常的生理功能。因此，住在高层楼的人们要经常到地面上走走，使用空调时，要及时换气。

4. 逆时而作

人体在进化过程中形成了固有的生命运动规律——即"生物钟"，它维持着生命运动过程气血运行和新陈代谢的规律。逆时而作，例如熬夜等，就会破坏这种规律，影响人体正常的新陈代谢。

5. 运动不当

生命在于运动，生命也在于静养。人体在生命运动过程中有很多共性，但是也存在着个体差异。因此，运动强身应该是个体性很强的学问。每个人在不同时期，身体的客观情况都处在动态变化之中。如运动不当，必然会损坏人体的健康。

6. 乱用药品

用药不当不仅会对机体产生一定的副作用，而且还会破坏机体的免疫系统。如稍有感冒，就大量服用抗菌素，不仅会破坏人体肠道的正常菌群，还会使机体产生耐药性；稍感疲劳，就大量服用温阳补品，本想补充营养，但实际是在抱薪救火。

7. 内劳外伤

外伤劳损、琐繁穷思、生活无序最易引起各种疾病。人的精气如油，神如火，火太旺，则油易干；神太用，则精气易衰。只有一张一弛，动静结合，劳逸结合，才能避免内劳外伤引发各种疾患。

8. 六淫七情

六淫：风、寒、暑、湿、燥、火是四季气候变化中的六种表现，简称六气。“六气淫盛”，简称“六淫”。七情：喜、怒、忧、思、悲、恐、惊。过喜伤心，暴怒伤肝，忧思伤脾，过悲伤肺，惊恐伤肾。

运动对健康有促进作用。运动要消耗体内能量，能量靠体内的蛋白质、脂肪、糖等营养物质经过氧化而转换，故释放的能量越多，人体内所需要的氧和所产生的二氧化碳就越多，从而就需要呼吸系统加大工作量，进行超常规速度和深度的呼吸；为了体内物质交换的加速运转，血液循环也随之加快，要求心脏做出加大力度和加快频率的收缩。因此，体育运动使心肺更健康，还可预防心血管疾病。很多疾病，如糖尿病、高血压病、冠心病、肥胖以及一些肿瘤的发生都与缺乏运动有关。研究发现，经常运动的人与运动少的人比较，其冠心病的发病率低，与年龄相关的器官机能减退较慢，寿命较长；运动量越大其生理效应越好，但随着运动量的增加，发生损伤甚至猝死的风险也相应增加。因此，应该进行科学运动，即用科学的方法指导人们进行有利于健康的运动，同时最大程度地降低由运动引起的不良事件。同时体育运动可产生良好的心理效应，促进心理健康。

二、运动健身与体质

体质，是指人的生命活动和劳动工作能力的物质基础。简要地说，体质是指人体自身的质量，是人体在形态、生理、生化和行为上相对稳定的特征。体质可以反映人体的生命活动、运动能力的水平，因此是选择健身运动的依据。身体运动是人的自然属性，同时又是生命活动得以充分发展的必要条件，反映着人的社会属性。“体质”和“健康”的概念是不同的。同样是健康的人，其体质却千差万别，对一个人的体质强弱要从形态、功能、身体素质、对环境气候适应能力和抗病能力等多方面进行综合评价。

体质的综合评价指标包括以下几个方面：

（1）身体形态发育水平：即体格、体型、姿势、营养状况及身体组成成分等。

（2）生理生化功能水平：即机体的新陈代谢功能及各系统、器官的工作效能。

（3）身体素质和运动能力水平：即身体在运动中表现出来的力量、速度、耐力、灵敏性、柔韧性等素质及走、跑、跳、投、攀等身体运动能力。

（4）心理发展状态：包括本体感知能力、个体意志力、判断能力。

（5）适应能力：例如对外界环境条件的抗寒、抗热能力和对疾病的抵抗力。

影响体质强弱的因素是多方面的，它与遗传、环境、营养、运动等有着密切的关系。遗传只对体质的状况和发展提供了可能性或前提条件，体质的强弱有赖于后天环境、营养、卫生和运动等因素。因此，有计划、有目的地进行科学的锻炼，是增强体质最积极有效的手段。

第二节　运动健身的原则

一、运动全面性原则

提到运动健身，很多人的第一反应或是跑跑步，或是打打球，却很少有人重视运动健身的全面性原则，即主要是有氧运动、力量练习和柔韧性的练习。在体质调查中，我们了解到大多数人的运动健身只是参加有氧运动，较少进行专门的力量练习和柔韧性的练习，对运动健身的全面性原则认识不够。

运动健身的全面性原则是指体育锻炼应全面发展身体的各部位、各器官的机能，提高各种身体素质和基本活动能力，从而达到身心全面和谐的发展。人体是在大脑皮层调节下的有机统一的整体，人体各部位、各器官系统的机能，各种身体素质和基本活动能力之间是相互联系、相互制约的。身体素质是人体在运动过程中所表现出来的力量、速度、耐力、柔韧和灵敏等方面能力的综合体现，它们是通过肌肉活动表现出来，但同时反映着内脏器官的机能，肌肉工作的供能情况，以及运动器官与内脏器官活动配合的协调状况。要想做到全面锻炼就要从体育锻炼的内容、方法上尽可能考虑身体的全面发展，由于各个运动项目对身体发展都有其独特的锻炼作用，但同时也有一定的侧重性。如游泳、中长跑、超长跑对心肺功能效应大，但对神经系统作用小；基本体操等项目竞技体操、艺术体操等项目对神经系统作用效应大，对柔韧素质作用大，但对心肺功能作用小；举重、投掷项目容易出现身体局部肌肉增大，造成肌力不平衡等。锻炼的内容，可结合自己的兴趣爱好，选择 1 ~2 项作为必练的主要项目，同时加强其他项目的锻炼，以弥补主项之不足。所以，在运动健身中重视运动健身的全面性原则，所采用的运动项目要包含有氧运动、力量练习和柔韧性的练习三个方面，这样才能使我们的身体得到全面的发展，更好地达到健身效果。

（一）有氧运动

有氧运动是指人体在氧气充分供应的情况下进行的体育锻炼。也就是说，在运动过程中，人体吸入的氧气与需求相等，达到生理上的平衡状态。它的特点是强度低，有节奏，持续时间较长。它必须具备三个条件：运动所需的能量主要通过氧化体内的脂肪或糖等物质来提供；运动时全身大多数的肌肉（2/3）都参与；运动强度在低、中等之间，持续时间为 15 ~40 分钟或更长。

长期坚持有氧运动能提高肺循环和体循环的机能水平，增加体内血红蛋白的数量，提高清除血液中“坏”胆固醇的能力，防止动脉硬化，降低高血压，降低高血脂，从而降低心脑血管疾病的发病率，强化心肌功能，提高运动后心脏的恢复机能水平，提高机体抵抗力，抗衰老，提高大脑皮层的工作效率和心肺功能，增加脂肪消耗，提高基础代谢率，改善和平衡身体形态，强化肌肉，提高身体柔韧性以增强肌体的防损伤能力，提高自我心理调整能力和平衡心态。

有氧运动的形式很多，如快走、慢跑、健身操、游泳、骑自行车和各种跑步机、功率自行车、台阶机练习等。采用有氧运动健身，可因地制宜，量力而行。有氧运动的有效练习强度和频率是：每周 3 ~ 5 次，每次持续时间 20 ~ 60 分钟，强度为最大心率（220 - 年龄）的 55% ~ 85%，强度则因人而异，简单有效的强度计算方法是监测运动时心率，即在运动结束后测得 10 秒钟的脉搏数后乘以 6，来推算出运动时心率；20 ~ 35 岁的运动时心率应维持在每分钟 140 次左右，35 ~ 50 岁的心率每分钟 120 ~ 135 次，60 岁以上的人心率每分钟 100 ~ 120 次，为有氧运动范围。

轻微的运动不是有氧运动，只有达到一定强度的有氧运动，才能锻炼心肺循环功能，提高人的体力、耐力和新陈代谢潜在能力，才是有价值的运动。因此平时的散步、做家务等都不是有氧运动。剧烈运动也不是有氧运动，剧烈运动由于速度过快和爆发力过猛，人体内的糖分来不及经过氧气分解，而不得不依靠“无氧供能”。这些运动就是无氧运动。这种运动容易导致肌肉疲劳难以持久工作。

（二）力量运动

在运动世界里，力量运动堪称是最庞大的家族。它的历史也是最悠久的。从远古开始，人类对力量的追求从未停止过。在早期人类的生活中，力量和奔跑、跳跃、搏斗一样，是一项赖以生存的素质。从非洲和东亚发现的早期人类壁画来看，当时的人们经常需要搬扛重石块以建造房屋。人们意识到，必须经常锻炼增强力量，以满足劳动的需要。进入文明时代以后，建筑活动越来越多，而工具还相当简陋。在相当长的时间内，建筑材料的运送主要依靠人力，这就构成了力量训练的强烈需求。频繁的战争也使人们必须重视力量训练。古代兵器多是沉重的青铜器、铁器和石器，没有强大的力量，是无法驾驭手中的武器的。进入脑力时代以后，人类总体的力量素质呈现衰退趋势。一个有力的佐证就是人类骨骼特别是腿骨的负重能力在不断下降。现代人类力量训练的主要动力是健康和娱乐，而古代人类力量训练的主要动力是劳动和生存。从进化论的角度来看，力量素质的衰退趋势是不可避免的。

力量运动自古就和其他运动有着千丝万缕的联系。力量运动家族的很多成员同时也是奥林匹克家族的重要成员，如举重、投掷、摔跤等。田径、自行车、滑冰、划船等体能型项目对力量都有很高的要求。格斗界历来重视力量，深蹲等力量训练一直是拳击家、格斗家的核心训练项目。几乎所有的运动项目都把力量训练作为必不可少的基本训练项目。有的训练动作，如深蹲，几乎出现在所有的训练场和训练馆里。力量训练已经渗透进整个运动世界。

因此，运动健身要重视力量练习，尤其是老年人也应重视加强力量练习。日本东京大学研究生院教授福永哲夫和他的助手，对3000名不同年龄层的人进行了肌肉变化情况的调查，发现年龄的增加对人体肌肉的影响特别明显。福永哲夫指出：在20岁至40岁之间，肌肉的变化不大，但一到了50岁，肌肉量就开始快速下降，男性大约减少1/3，女性减少约一半，同时肌肉力量也开始衰退。肌肉量减少有很多危害，首先是人的基础代谢降低，热量消耗随之降低，摄入的过多热量便转化成脂肪堆积于体内，形成肥胖，而肥胖已被专家确认为是一种病。同时，肌肉还是享有“生命发动机”称号的心脏之可靠助手，肌肉衰弱必然累及心脏，成为诱发心血管病的“帮凶”，这也是人到中老年易患冠心病的因素之一。此外，腿肌力量下降，上下台阶就会感到吃力，走路步幅会变小，而且容易被绊倒遭受骨折之苦。再者，肌肉少了，关节的负担就会加重，产生关节痛，进而出现姿势变形而导致腰痛。力量练习包括举重、投掷、仰卧起坐、俯卧撑、引体向上等。这些项目可减少脂肪量、增加肌肉量，使肌肉发达柔软，防止其耐力衰退。一般不妨这样安排：每周安排做力量练习1～2次，每次30分钟，其余时间安排做有氧运动。

在进行力量练习时，应根据自己的实际情况选择合适的负荷，但无论选用什么样的负荷，都要遵循由小至大的原则，切勿突然增加运动负荷造成运动损伤。只要进行动力性肌肉力量练习，就存在动作速度问题，负荷和速度之间有着密切关系，负荷越大，速度就越小。锻炼者要根据练习的要求合理安排，对于一般体育锻炼者来说，没有必要每天都进行力量训练，即使是为了专门发展肌肉力量，采用隔天力量练习，也足以取得理想效果。如果每天都进行力量练习，不仅提高肌肉力量的效果不明显，而且还会造成整体机能的不协调发展。已经获得的肌肉力量，如果停止练习，也会逐渐消失，肌肉力量消失的速度相当于获得肌肉力量速度的三分之一。也就是说，力量获得的快，消退得也快，所以体育锻炼切勿忽练忽停。如果为了保持已经获得的肌肉力量，力量练习的间隔时间可更长一些，以便将体育活动时间用于发展其他方面的运动能力，每周进行一次力量训练，可保持已获得的力量水平。力量练习中注意用力时保持呼气状态，放松时保持吸气状态。力量练习后，肌肉常会充血，胀得很硬，这时应做一些与力量练习动作相反的拉伸动作，或做一些按摩、抖动。使肌肉充分放松。这样既可加快疲劳的恢复，又可防止关节柔韧性因力量训练而下降，同时也有助于保持良好的弹性和收缩速度。进行力量练习，在饮食上要注意高蛋白的摄入，多进食含钙食物，如果经济条件允许的话一定要增加含钙产品的营养补给，当然，也可以适当地多食大豆及其系列产品，虾皮，蛋清，猪瘦肉，鱼肉，这些都是含钙量丰富的食物，用以满足肌肉增长的需要。

（三）柔韧性运动

柔韧性是人的基本运动能力之一，与运动系统的健康密切相关。体现灵活性的柔韧性与体现稳定性的肌肉力量，是维系运动系统健康的一对相辅相成的要素。肌肉力量良好、柔韧性较差的人，关节的稳定性较好，关节不容易受伤，但是肌肉却容易被拉伤；柔韧性良好、肌肉力量较差的人，肌肉不容易被拉伤，但关节的稳定性较差而容易受伤。因此，在运动健身中二者都应受到足够的重视，不应厚此薄彼。

俗话说“人老腿先老”。的确，人到中年以后，关节周围的关节囊、韧带、肌腱等会逐渐发生老化，关节韧带的柔韧性减退常引起一些诸如颈椎、腰椎椎间盘突出症，肩周炎，腰腿痛等退行性疾病。可能很多人不知道，实际上柔韧性减退的过程个体差异很大，自然老化只占其成因的1/3，其余的2/3都与运动锻炼有关，柔韧性锻炼能扩大关节韧带的活动范围，有利于提高身体的灵活性和协调性，在意外事故发生时有可能避免和减轻损伤。柔韧性锻炼可使僵硬的肌肉得到松弛，防止肌肉痉挛，减轻肌肉疲劳。柔韧性锻炼通过加强肌肉韧带的营养供应，延缓肌肉韧带的衰老。

一般来讲，人体的柔韧性在10岁左右时最好，然后便逐渐下降，但人体的柔韧性能够通过一段时间的训练得到极大提高。柔韧性可受到多方面因素的影响。既与年龄有关，一般随着年龄的增长，柔韧性逐渐降低；又与性别有关，女性的柔韧性普遍要比男性好；还与训练有关，经常进行相关训练可使人保持良好的柔韧性。此外，柔韧性还与某些伤病有关。广泛意义上讲，所有体育运动都对人体柔韧能力有一定帮助。当然，针对性地训练柔韧性就要进行拉伸练习了。针对不同身体部位有多种拉伸方法，众所周知的“压腿”就是针对大腿后部股二头肌的拉伸练习，此外，常见的拉伸动作还包括胸肌、背肌、上臂、腰背部、大腿前部、小腿等部位的动作。

不少人在练习柔韧性时存在着误区，比如很多人使用压腿的方法来锻炼下肢的柔韧性，大多数人会将腿平搭在器械上，然后上身急速用力地下压。实践证明，快速、大强度的伸展练习将会使肌肉产生较大的收缩力，并与锻炼者的伸展力相对抗，非常容易拉伤肌肉。即便肌肉未被拉伤，肌肉与韧带所获得的伸展长度也会很快消失。正确的练习方法是进行中小强度、持续与多次的静止伸展练习，以便使肌肉与韧带所获得的伸展长度长久保持。还是以压腿为例，练习者将腿抬至适宜高度，然后上身缓慢前倾至可耐受的最大幅度，并保持10秒左右，即数10个数，腿部以略感紧张、酸胀或微痛为度；短暂休息后重复，连续做3～5组。所有部位都应如此练习，这样的静态练习将会收到更好的效果。

为了使柔韧性锻炼更科学有效，要循序渐进，牵拉肌肉不要过分用力，以被牵拉肌肉、韧带有轻微不适感即可。伸展肌肉韧带时不要屏住呼吸，动作要缓慢，可采用伸展—放松—再伸展的方法。柔韧性练习可在健身活动前或后进行，健身前做有助于热身，防止受伤；健身后做有助于放松肌肉，消除疲劳。

二、运动适度原则

“生命在于运动”是法国思想家伏尔泰的一句名言，一言道出了生命运动的一条规律。适度运动能延缓随年龄增长而带来的生理机能衰退，对防止出现早衰颇有裨益。适度运动持之以恒地进行，可加速体内脂肪、糖和蛋白质的分解，提高心肺功能，减少外周血液循环的阻力，从而减轻心脏工作的负担，有效地预防心脑血管疾病，延长机体各脏器的工作寿命。可刺激产生较多的体内免疫辅助剂，使免疫系统功能增强，从而起到抵抗病毒、细菌感染和抑制并杀死体内突变癌瘤细胞的作用。能促进人体内释放一种“欣快物质”，使人心情愉悦，精神振奋。德国和美国的研究人员近日公布的研究结果显示，散步等适度运动可以令小鼠长出新的大脑神经细胞。这一结果表明，坚持锻炼与降低患神经变性疾病的风险有关，老年人经常锻炼，可降低患老年痴呆症等神经紊乱疾病的风险。过度的运动却使儿茶酚胺和促肾上腺皮质激素分泌增多，从而使t细胞受体因“饱和”而功能锐减，同时还可反馈性地使血液中的t淋巴细胞减少，并抑制b淋巴细胞的生物活性，降低免疫功能。因此，超负荷运动后人体极易疲劳，甚至加重已患疾病的病情。过度运动显然对身体不利。也有很多人只在有时间或有心情时才偶尔做运动。这种偶尔为之的“运动”，对健康更是无益，它很容易破坏人体正常的新陈代谢过程，甚至还会加重器官的磨损，导致寿命缩短。

因此有专家建议，宜将“生命在于运动”倡导语改为“生命在于适度运动”。美国运动生理学家莫尔豪斯认为，“运动应当在顺乎自然和圆形平面（指一种平缓的而非陡然的过程）的方式下进行”。运动量由小到大，动作由简单到复杂，讲究舒适自然，循序渐进。比如跑步，刚开始练跑时要跑得慢些、距离短些，经过一段时间锻炼，再逐渐增加跑步的速度和距离。

（一）运动过度的危害

运动过度的精确意思就是迫使身体过度劳累。如果肌肉与关节感到疲劳酸痛，它便无法好好发挥功能。因此持续性的过度，反而会使身体面临更大的受伤风险。时间一久，过度的运动还会削弱免疫系统，健身锻炼极具诱惑力，在缺乏经验时，容易因训练热情过高而导致运动过度，从而达不到锻炼效果，乃至于损伤身体。

实验研究表明，运动可使机体新陈代谢加快，使体内耗氧量急剧增加，产生大量活性氧，这是一种促使人体衰老的物质，同时，运动激烈或超量，也会加剧某些器官的磨损和一些生理功能的失调，导致一些脏器的损伤，以致生命进程缩短，从而出现早衰或早逝。德、美诸国生理学家新近的研究也发现，过多过度的运动，会使体内各器官供血供氧失去平衡，将导致大脑早衰，扰乱内分泌系统，损坏人体免疫机制。特别是像短程赛跑这类在瞬间爆发的剧烈运动，由于肌肉的需氧急剧增加，使得大脑、肝脏等内脏器官的血管应激收缩，以便将血液挤出供四肢肌肉之用，而这些脏器却在剧烈运动过程中处于缺氧状态，这对健康甚为有害。长时间的剧烈运动，不仅迫使四肢肌肉与大脑和五脏六腑争氧，还会促使人的新陈代谢长期处于旺盛状态，缩短了人体细胞分裂的周期，加速机体器官组织的磨损与衰老，从而导致生命的早逝。发明增氧健身法这个词的健美大师库珀说：运动似乎有一个收益递减的极限，一旦超过了这个极限，免疫系统就会受到损害，并丧失抵御各种传染性疾病和非传染疾病的能力。因为大量训练可能会抑制白血细胞生长，而白血细胞则是防止疾病的第一道防线。一项对参加过 1987 年洛杉矶马拉松比赛的大约二千三百名运动员的研究发现，赛后病倒的运动员人数达七分之一，比接受训练但没有参加马拉松比赛的运动员高出将近五倍。这项研究还发现，与每周训练强度低于三十二公里的赛跑运动员相比，每周训练强度超过一百公里的运动员患病的可能增加了一倍。据某保险公司对六千名已故运动员的资料统计，运动员的平均寿命才五十岁，许多人还未领到退休金就早逝了，大多是因为过量运动造成的。运动过度会伤身损智减寿已是不争的事实，但怎样来判别自己的运动是否适度呢？运动过度的表现包括：（1）肌肉持续酸痛；（2）疲劳精力不继；（3）沮丧；（4）急性伤害，例如膝盖扭伤；（5）运动成效没有进展，甚至下滑；（6）难以入睡；（7）紧张不安；（8）食欲不振；（9）不顾生病或受伤，仍旧进行健身；（10）生活步调完全以运动为中心，忽略对家庭与朋友的承诺；（11）错过运动时间时，会出现非理性的愤怒与罪恶感；（12）持续出汗或大量出汗；（13）感冒这类小病不断，这是因为免疫系统衰弱而引发的。当出现以上表现时你就要考虑是否运动过度了。

（二）运动缺乏的危害

运动缺乏指人们因长时间缺乏足够的运动，身体各方面机能下降，最终危害到身体健康。缺乏运动是一个世界性的公共健康问题：在美国，只有 22% 的成年人经常运动，并且能达到促进健康的运动强度，54% 的成年人运动量不足，还有 24% 的人很少运动。事实上，缺少运动在所有发达国家及发展中国家都很普遍，因此，缺乏运动是一个世界性的公共健康问题。运动虽然是很多慢性病在稳定期的辅助治疗方法，但实际上，慢性病患者的运动量较正常人更少。糖尿病是一种常见病，饮食和运动是其治疗措施中的重要组成部分，合理膳食和运动可以提高患者对胰岛素的敏感性，减少降糖药物的使用剂量。国外一项包括 1480 例 2 型糖尿病患者的问卷调查显示，38% 患者平时的运动强度未达到健身目的，31% 的患者很少运动，36%的患者超重，46%的患者肥胖。

缺乏运动是多种疾病发生的主要原因。如果你是久坐不动的人，同运动积极的人相比，心脏的发病率高30%，高血压发病率高35%，糖尿病发病率高42%，疾病的总体死亡率高3倍。一项流行病学调查结果显示，居住在城市的非洲裔美国人比欧洲裔美国人患退行性变和慢性病（尤其是心血管病）的比例高，这种种族差异的一部分原因是非洲裔美国人运动较少。因此，规律的运动是降低心血管疾病的发病率、减少心源性猝死的一个重要方法，对于老年人尤为重要。

缺乏运动会使人肌肉松弛、无力，很容易造成运动性损伤。有时仅是一个十分简单的动作，如俯身去捡一支铅笔或是去更换天花板上的一个灯泡，也会令缺乏运动的人“闪”了腰、“拧”了脖子。而且，那些常坐不动、以车代步的人还会由于缺乏运动造成颈、肩、背、腰等处局部肌肉、韧带组织的过度劳损，久而久之，就很容易演变、转化为颈椎病、肩周炎、腰椎间盘突出症等骨关节疾病。

（三）如何做到适度运动

当你运动时，如果运动不足就达不到健身效果，如果运动过度就会危害健康，那么应如何做到适度运动呢？适度运动的运动量包括运动强度和运动时间两个方面。

运动强度的大小一般用最大摄氧量的百分比来衡量，但在实际运动中可用测心率来代替。最简单的方法是：体质较好的人为180－年龄＝最高心率；体质较弱的人为170－年龄＝最高心率。实践证明，这种方法应用简便，结果可靠也很安全。心率可用脉搏数来代替。因为正常人的心率和脉搏数相等。测定时间最好在锻炼前（安静时），锻炼中和锻炼后进行，以便比较。每次需测1分钟的脉搏数（测10秒钟的脉搏数乘6即可）。其计算公式为：适度的运动脉率＝（220－本人年龄数）×（0.7－0.85）。公式中括号内的数，为个人的最大脉率数。如一位50岁的人的最大脉率为每分钟170次（220－50），则其运动的脉率应控制在119（170×0.7）至145（170×0.85）次之间，便是适度的。按心率确定运动强度，还要注意观察运动结束后的心率恢复的时间。在正常情况下，小运动量锻炼在休息5～10分钟后可恢复安静脉搏数，且不出现疲乏感；中等运动量是在休息30～60分钟内可恢复到安静脉搏数，且没有任何不良反应，体力充沛、精神饱满；大运动量锻炼在运动结束后数小时还不能恢复，且身体疲乏感明显。

另一种用脉搏来判断自己的运动量是否适度的简单而准确的方法是：坚持每天早晨起床前测安静时的脉搏并记录下来（次/分）。如果锻炼后的第二天早晨，脉搏已经恢复到昨天一样，说明反应正常，其身体能适应这样的运动量；如果脉搏比以前多12次以上，说明前一天的运动量大了些，身体机能尚未恢复，那么这一天锻炼的运动量就应适当减少。如果同时身体还感到某些不适，如出虚汗、食欲不振、睡眠不好等，可以干脆休息（不锻炼）一天。如果脉搏只略微增加，一分钟比以前多12次以下，可以再按以前的运动量坚持一下。往往坚持之后，身体状态会“再上一层楼”，脉搏的变化会恢复到以前的水平，甚至比以前还低。脉搏次数通过锻炼运动而减少，这是身体素质提高的一种表现。

此外，还可通过自我感觉来衡量运动量。锻炼后感到全身舒适、精力充沛、食欲增加、睡眠改善，或虽有疲劳感，但经过一夜的休息后，疲劳即消失，不影响正常工作、学习，说明运动量大小适宜。反之，锻炼中出现头晕、恶心、胸闷、气喘、四肢无力等；锻炼后明显肌肉酸痛、全身无力、精神恍惚、萎靡不振、食欲减退、睡眠失常、面容憔悴、身体消瘦、体重下降等，说明运动量过大，应及时减量。

每次运动的时间要依个人具体情况来掌握，并要和运动强度相搭配。科学研究证明：每次运动时间不能少于15分钟，最长不宜超过2小时，一般来说，采用同样运动强度时，体质好的锻炼时间宜持续长些，体质弱者锻炼时间则短。每天锻炼的时间可根据自身的实际情况安排在早晨、下午或晚上，但不宜安排在睡前。

第三节　运动健身处方

一、运动健身处方的定义

生命在于运动，运动在于合理和科学。早在20世纪50年代，美国生理学家卡波维奇曾提出过运动处方这个概念；1960年日本生理学家猪饲道夫教授首先使用运动处方这一术语；1969年世界卫生组织（WHO）使用了运动处方术语，从而在国际上得到确认。我国于20世纪80年代初引入运动健身处方这一概念。经过30多年的发展，我国开展运动处方工作已广泛应用于教学、科研及康复、预防和健身领域。

“处方”一词在医学上指的是医师给病人开的药方，不同的病或同一种病而程度不同就不能使用同一处方。同样，要科学地锻炼身体，提高健康水平，预防或治疗疾病，也必须“对症下药”。所谓运动健身处方就是以增进健康、增强体质为目的而制定的一系列与个人身体状况相适应的、行之有效的科学运动方法，即用医师处方的形式规定健身运动参加者或体疗病人锻炼的内容、运动量和运动强度。它是指导人们有目的、有计划、科学锻炼的一种形式。

二、制定运动健身处方的基本原则

（一）制定运动健身处方应区别对待

由于每一个锻炼者的身体条件各不相同，不可能预先准备好适应各种情况的处方，即使可能，而个人的身体或客观条件也在经常变化。所以，运动健身处方的制定，必须针对每一个人的具体情况，因人制宜，区别对待。

（二）制定运动健身处方应以体力为基础

在制定运动健身处方时，必须注意到体力（体能）的差别比性别和年龄的差别更为重要。因此，制定运动健身处方应以体力情况为基础。

（三）限定安全界限和有效界限

为了增加健身和康复的效果，运动健身处方的制定必须限定安全界限和有效界限（界限的划定应根据身体检查的不同情况而定）。安全界限指锻炼者在保证不会出现意外事故的情况下，所能承受的最大运动强度或运动量。有效界限指达到最低锻炼效果的最小运动强度或运动量。安全界限和有效界限之间，就是运动健身处方最安全而有效的范围。在这个范围内，运动强度、时间和频率等越高，效果就越显著。

（四）运动健身处方要便于修订调整

运动健身处方应用于多数人时，有的人适应，也有人可能不适应。即使是根据检查结果开列的处方，也不一定在任何时间、任何地点都最适合。因此，对于初定的处方在实行过程中，要进行一次或数次的调整，使之成为符合自己条件的运动健身处方。一个安全、有效、愉快的运动健身处方，是在实践过程中制定出来的。

（五）运动健身处方的制定要考虑持之以恒和渐进性原则

运动健身处方的制定，目的是增强体质，提高健康水平，因而除考虑安全和效果外，还要注意个人兴趣。从生理学的角度看，虽然是科学、有效的运动，如果锻炼者不爱好则难以持久，不能持久也就不能得到真正的效果；其次，人体对反复持久的运动有一个适应过程，体质的增强则建立在适应能力逐渐提高的基础上。所以，运动健身处方的制定，在注意持之以恒的同时，还要兼顾其渐进性原则。

三、运动健身处方的内容

运动健身处方一般包括下列主要内容：1. 运动目的；2. 运动种类；3. 运动强度；4. 运动密度；5. 持续时间；6. 注意事项。

（一）运动目的

依性别、年龄、职业、爱好和身体健康状况的各不相同，运动目的有强身保健、防治疾病、健美减肥、消遣娱乐等。

（二）运动种类

现代新兴的运动处方一般包括三种运动种类，即有氧运动、伸展运动及力量性运动。第一类：有氧运动项目。如步行、慢跑、走跑交替、游泳、跳绳、上下楼梯及自行车运动等。第二类：伸展运动及健身操。如广播体操、太极拳、气功、健身迪斯科及各种医疗和矫正体操等。第三类：力量性锻炼。如杠铃、哑铃、综合力量训练器练习等。

（三）运动强度

运动强度是指单位时间内的运动量，而运动量是运动强度和运动时间的乘积。运动强度是运动处方定量化和科学性的核心，而运动量是锻炼效果和安全性的关键。为了把握好这一核心和关键，现介绍一种简单易行的确定运动强度的方法。年龄减算法：运动适宜心率 = 180（或 170） - 年龄，如果年龄在 60 岁以上或体质较差则用 170 减年龄。此方法适用于一般身体无器质性疾病者。

（四）运动密度

这里的运动密度不是指一次锻炼中的反复次数和时间之比，而是指每次锻炼之间的时间间隔。研究表明：一周锻炼 1 次时，运动效果不积蓄，肌肉酸痛和疲劳每次都发生，往往在 1 ~ 3 天都有不适感且易发生伤害事故。一周锻炼 2 次，疼痛和疲劳可能减轻，但运动的效果不会显著。一周锻炼 3 次，基本上是隔日运动，不仅不会产生疲劳，反而相应运动效果也会产生积蓄。如果每周的运动密度增加到4次或5次，效果相应会更好。那么，是否运动的密度越大越好呢？这不能一概而论，只有在小运动量或次日不感觉疲劳的情况下，每日运动才是可取的。在此说明，运动密度的关键是形成运动习惯性或运动生活化，即个人可选择适合自己情况的锻炼次数，但每周至少不能少于3次。

（五）持续时间

指每次持续运动的时间。由于运动时间和运动强度的乘积决定运动量，因此，即使同等的运动量，也可有运动目的不同的处方。以健身为目的的运动，中老年人应选择强度小而时间长的处方，而对于青少年来说，时间短、强度较大的处方，则可能更有好处。但是，从生理的分析可以看出，5分钟是全身耐力运动所需的最短时间，60分钟对于坚持正常工作的人是最大限度的时间。库珀研究认为，心率达150次/分以上时，最少持续5分钟即可收到效果，如果心率在150次/分以下，那就需要持续5分钟以上才会有效果。由此可见，5分钟以内的运动对于改善和增强体质还是不充分的。因此，一般需在有氧运动20～60分钟范围内。

（六）注意事项

运动健身处方的制定，主要应该注意以下三种情况。

1. 指出禁忌运动项目和某些容易发生危险的动作。

2. 提出运动中自我观察的指标及修订调整运动处方的方法，并提示出现异常时停止运动的标准。

3. 指示每次锻炼前后必要的准备活动和整理活动以及持续时间和运动密度。

四、制定运动健身处方的步骤

（一）健康诊断

对锻炼者进行系统的身体检查（形态、机能、心理，既往病史），了解健康状况。

（二）进行体力测验

对锻炼者的运动能力进行测试和诊断。

（三）确定主要目标

全面分析锻炼者的具体情况，找出亟待解决的主要问题，确定目标。

（四）选择练习内容和手段

根据主要目标选择相应的运动项目和锻炼手段。

（五）制定运动健身处方

制定出锻炼者从事体育活动的合理运动时间、运动强度和注意事项，并将其整个内容书写成处方。

（六）锻炼效果的评价及运动健身处方的修订调整

通过一段时间的锻炼后，对锻炼效果进行评价。根据评价结果，重新修订调整运动健身处方的内容。

第四节　运动损伤

一、运动损伤的概念

在体育运动过程中所发生的各种损伤统称为运动损伤。可分为急性损伤和慢性损伤，以慢性损伤为多。损伤的组织涉及神经、肌肉、肌腱、韧带、关节囊、皮肤、骨、软骨，还可以伤及内脏器官。运动人群由于特定的专项运动训练导致不同的损伤，形成特殊的运动技术病，如网球肘、足球踝等。运动损伤与一般的工伤或日常生活中的损伤有所不同，它的发生与运动项目、训练安排、运动环境、运动者的自身条件以及技术动作有密切的关系。

运动损伤对运动员所造成的影响是严重的，不仅影响正常的训练、比赛，妨碍运动成绩提高，减少运动寿命，严重的还可能引起残废，甚至死亡。对体育健身参加者来说，也将影响其健康、学习和工作，也对体育健身者造成不良的心理影响，妨碍体育健身的正常开展。

由此，在体育健身中，我们对运动损伤的预防应有充分的认识，需要很好地掌握运动损伤的发生规律，切实做好预防工作，使之最大限度地减少或避免运动损伤。同时，还应了解和掌握一些体育健身运动中常见的运动损伤的产生原因，预防与处理方法，从而使体育健身健康安全而富有成效。

二、运动损伤的预防

造成运动损伤的原因是多方面的，预防措施也必须是综合性的。一般地说，在体育健身中运动损伤的预防应做好以下几个方面的工作。

（一）重视运动损伤的预防

要重视对运动损伤预防的思想认识，同时要加强身体的全面锻炼，提高机体对运动的适应能力。

（二）做好充分的准备活动

准备活动的目的是提高中枢神经系统的兴奋性，使它达到适宜的水平，加强各器官系统活动，克服各种功能惰性，特别是植物性神经功能的惰性。通过全身各关节肌肉的活动加速血液循环，使肌肉得到充分的血液，增加肌肉的力量和弹性，为正式运动做好充分的准备。准备活动的运动量，应根据个人各器官系统功能状况、气象条件的情况而定。准备活动的内容也应根据锻炼的项目性质而定。

（三）合理安排运动负荷

运动负荷安排不足，不能达到促进人体运动能力提高的目的，运动负荷安排过大，不仅使运动系统的局部负荷过重，还会导致中枢神经系统疲劳，致使全身机能下降，协调能力降低，注意力、警觉反应都减弱，从而容易发生损伤。为了减少损伤，应严格按照运动训练的原则，根据年龄、性别、健康状况、训练水平和各项运动损伤的特点，个别对待，循序渐进，合理安排运动负荷。

（四）加强保健监督

加强保健监督，特别是老年人参加体育锻炼时，要注意经常性地进行体格检查。锻炼中也要做好自我保健监督，身体若有不良反应时，要及时分析原因，在运动场地和设备方面要加强安全卫生检查。如跑步常在草地上进行，运动衣、鞋要合适等。

（五）加强易伤部位的训练

加强易伤部位的训练，提高易伤部位和较弱部位的功能，也是预防运动损伤的一种积极手段。如踝关节是相对薄弱的部位，平时要注意踝关节的力量和柔韧性训练。

（六）掌握运动技术要领

要掌握正确的跑、跳、投的技术要领。

（七）加强保护

加强保护与自我保护也是预防运动损伤的重要手段，特别是在进行一些器械健身活动中，更应注意做好保护，掌握一些自我保护的正确方法。例如，摔倒时要立即屈肘、低头、团身，以肩背部着地顺势滚翻，而不可直臂撑地等。从足关节的护踝到肘关节的护肘，从举重时用的腰带到不起眼的健美裤……这些看似细小的运动护具，却能够在我们平时锻炼的过程中为肌肉和关节分担外来的压力和冲击。这是因为护具让关节和肌肉在正常范围内运动，而超常运动是造成损伤的重要原因之一。

三、运动损伤后的处理

运动健身已经是现代人生活中必不可少的内容，但随之而来的运动损伤也是一个不可忽视的问题。运动前一定要做好准备活动，穿戴好各种防护器具，可以有效地减少运动损伤的发生。

对于急性运动损伤的处理有四大原则，即休息、冰敷、压迫和抬高。

（一）休　息

休息可以避免伤势的加重，减少由于继续运动所引起的疼痛、出血或肿胀。

（二）冰　敷

冰敷可以使局部血管收缩，能有效地减少出血和水肿，同时，还有局部麻醉和止痛的作用。冰敷袋置于受伤部位，受伤后 48 小时内，每隔 2 ~ 3 小时冰敷 20 ~30 分钟。冰敷时皮肤的感觉有四个阶段：冷、疼痛、灼热、麻木，当变成麻木时就可以移开冰敷袋。冰敷袋每次使用不要超过 30 分钟，因为可能会发生冻伤或神经伤害。不要让冰袋直接接触皮肤，以湿掉的弹性绷带或湿毛巾保护皮肤。不要太早停用冰敷袋而转用热敷，太早使用热敷会引起肿胀与疼痛，伤后二日内每天使用冰敷至少 3 ~4 次，较严重伤害建议在使用冰敷三日后且肿胀有明显消退才考虑使用热敷。在非常酷冷的环境下，不使用湿的弹性绷带或湿毛巾。

（三）压　迫

压迫使伤害区域的肿胀减小。以弹性绷带包扎于受伤部位，例如：足、踝、膝、大腿、手或手腕等部位，来减少内部出血。包扎压迫时，从伤处几寸之下开始往上包，大约以一半左右做螺旋状重叠，以平均而加点压力的方式逐渐包上，但经伤处则较松些。以弹性绷带最大长度 70% 的紧度来包扎能获得充足的压力。观察露出脚趾或手指的颜色。疼痛、皮肤变色、麻痺、刺痛等症状出现，表示包太紧，应解开弹性绷带重包，避免肿胀应维持用弹性绷带包扎 18 ~ 24 小时。踝关节扭伤包扎时可以用 U 型衬垫加压于踝突周围。

（四）抬 高

抬高肢体的作用就如同水往低处流，可以减轻受伤部位的水肿。

处理常见的几个错误，受伤后有明显的疼痛，还继续运动，这样会导致损伤的进一步加重，并会给治疗增加难度；受伤的部位肿胀后做热敷，因为这会使肿胀更加厉害；在没有搞清楚具体伤情前进行按摩也会加重损伤。总之，发生了运动损伤，千万不要进行太过“积极、热情”的自行处理，应该及时地接受诊断和治疗。

四、运动后会肌肉酸痛的问题

无论是在进行不习惯的体力活动，或是在进行超负荷的训练后都会发生肌肉酸痛，特别是平时不经常参加体育锻炼的人，或者长时间中断了体育活动又重新参加锻炼的人，运动后，往往都会感到明显的肌肉酸痛。一般来说，运动引起的肌肉酸痛可以分为急性肌肉酸痛与慢性（迟发性的肌肉酸痛）两种。

（一）急性肌肉酸痛

急性酸痛是肌肉在运动中或运动刚结束后的一段相当短的时间内发生疼痛。急性酸痛与作用肌用力时形成血流的中断有关，在缺血的情况下使得代谢产物无法清除，而堆积在肌肉中，进而刺激到痛觉受纳器。在停止运动后的一分钟左右即完全恢复。急性的肌肉酸痛有别于肌肉拉伤，而是指因肌肉暂时性的缺血，而造成的酸痛现象，只有肌肉作激烈或长期的活动下才会发生，肌肉活动一结束即消失。通常，急性的肌肉酸痛会伴随肌肉僵硬的现象。

（二）慢性肌肉酸痛

肌肉慢性酸痛往往发生在运动后的 24 ~ 48 小时之间。肌肉有慢性酸痛的情形出现时，肌力明显下降。肌肉的慢性酸痛的原因，不外是肌肉受伤、肌肉痉挛或结缔组织异常所引起，不过，一般认为结缔组织异常是引起迟发性肌肉酸痛的最大原因。较少使用或训练的肌肉，突然进行激烈或过度反复的活动，容易引起迟发性的肌肉酸痛，这也是为什么不经常运动的人突然进行大负荷的运动后，肌肉更易产生损伤，从而产生肌肉酸痛。

肌肉酸痛是发生在运动过程中的一种生理现象，一般经过适当的休息和调整，几天后就会自动消失，不要把它误认为是一种病态，更不要因为出现肌肉酸痛就中断锻炼，只要经常坚持锻炼，并保持适当的运动量就不会出现肌肉酸痛的现象了。因为经常锻炼的人可以提高机体对酸性物质的代谢能力。因此，肌肉酸痛现象往往在初参加体育锻炼时比较明显，经常锻炼的人运动量比平时增大时有时也会出现，但酸痛的反应比较轻微，而且消失得也快。

在发生肌肉酸痛之后，我们可以采取做伸展运动、涂抹药膏、冰敷、温水浴和桑拿浴等方法减轻疼痛。不过，以上方法都只能提供短暂的解脱，在运动时，我们就应当注意以下几点：（1）根据不同体质、不同健康状况科学地安排锻炼负荷，不要一味逞强；（2）锻炼时，尽量避免长时间集中练习身体某一部位，以免局部肌肉负担过重；（3）做好准备活动，注意对即将练习的局部肌肉动得更充分；（4）运动后要注意进行一般性放松练习，重视肌肉的伸展牵拉练习。

五、运动性疲劳

参加体育锻炼以及运动训练和比赛，到一定程度的时候，人体就会产生工作能力暂时降低的现象，这种现象称为运动性疲劳。运动性疲劳是指机体生理过程不能持续其机能在一特定水平上和/或不能维持预定的运动强度。这一概念把疲劳时体内组织和器官的机能水平与运动能力结合起来评定疲劳的发生和疲劳程度，同时有助于选择客观指标评定疲劳，如心率、血乳酸、最大摄氧量和输出功率间在某一特定水平工作时，单一指标或各指标的同时改变都可用来判断疲劳。

运动性疲劳是运动本身引起的机体工作能力暂时降低，经过适当时间休息和调整可以恢复的生理现象，是一个极其复杂的身体变化综合反应过程。疲劳时工作能力下降，经过一段时间休息，工作能力又会恢复，只要不是过度疲劳，并不损害人体的健康。所以，运动性疲劳是一种生理现象，对人体来说又是一种保护性机制。但是，如果人经常处于疲劳状态，前一次运动产生的疲劳还没来得及消除，而新的疲劳又产生了，疲劳就可能积累，久之就会产生过度疲劳，影响运动员的身体健康和运动能力。如果运动后能采取一些措施，就能及时消除疲劳，使体力很快得到恢复，消耗的能量物质得到及时的补充甚至达到超量恢复，就有助于训练水平的不断提高。运动性疲劳大体上可以分为肌肉疲劳、神经疲劳和内脏疲劳三种。疲劳按程度可分为轻度、中度和重度疲劳。轻度疲劳稍事休息即可恢复，属正常现象。中度疲劳有疲乏、腿痛、心悸的感觉。重度疲劳除疲乏、腿痛、心悸外，尚有头痛、胸痛、恶心甚至呕吐等征象，而且这些征象持续时间较长。

睡眠是消除疲劳恢复体力的关键。运动者每天应保证 8 ~9 个小时的睡眠，使机体处于完全放松状态。合理安排膳食，疲劳时应注意补充能量和维生素，尤其是糖、维生素 C 和维生素 B_1，应选吃富有营养和易于消化的食品，多吃新鲜蔬菜、水果。剧烈运动后骤然停止，会影响氧的补充和静脉血回流，使血压降低，引起不良反应。因此，运动后应做整理运动，动作缓慢、放松，使身体恢复。按摩是一种很好的恢复手段，通过按摩不但能促进大脑皮层兴奋与抑制的转换，因疲劳引起的神经调节紊乱消失，还可促进血液循环，加强局部血液供应，消除疲劳。按摩可在运动结束后或晚上睡觉前进行。温水浴有刺激血管扩张，促进新陈代谢和血液循环，消除疲劳的作用。温水浴的温度宜在 40℃左右，每次 15 ~20 分钟。使用维生素或天然药物，能有效调节人体生理机能，加速新陈代谢，补充能量，减少组织耗氧量，改善血液循环，补充肌肉营养。目前，常用药物有维生素 B_1、维生素 B_{12}，维生素 C、维生素 E、黄芪、刺五加、人参、冬虫夏草和花粉等。

第五节 运动营养

一、运动过程中如何补充水分和运动饮料

（一）喝水的重要性

水是生命之源。机体中2/3是水分，重要的生命器官大脑中含更多水分达到80%。在没有水摄入时生命超不过3～4天。水是维持生命的必需物质，作为营养素，在维持人体正常生理活动方面，其重要性仅次于氧气。溶解于水中的各种电解质，不仅可以作为身体的构成成分，更重要的是其参与机体的诸多生理、生化代谢反应。概括来说，水具有组成细胞、排泄废物、保护组织、传输营养物质及气体、维持血液容积和调节体温等功能。人体内的水必须保持出入量的平衡，在正常情况下，人体内水的调节主要是通过饮水和排液来进行的，而在运动状态中，排汗会引起水的大量流失，因而必须通过合理补液才能达到平衡。运动时代谢水平明显提高，则需要更多水。如果运动补水方法不科学，机体更容易脱水，导致体温过度升高、心率加快、血压升高。

（二）运动时喝水的作用

在组成人体的成分中，水的含量最高，约占体重60%，能调节体温，促进体内化学反应，并具有润滑作用，是良好的溶剂和运输物质。对于运动而言，水担任着两个重要角色。(1) 它对保持体内的矿物质平衡非常重要。(2) 通过循环系统，它还担任着向细胞运输营养物质，并从细胞带走代谢产物的任务。水的摄入主要由人的渴感控制。但是需要注意，口渴的产生不一定与水的需要相吻合。短时间低度脱水一般不会造成严重的后果。由于口渴感常常滞后于机体补水需要，

喝水量最好超过口渴所示的需要，以免脱水。如果喝水过多，机体很快就会将多余的水转入尿液。

（三）运动时喝水的方法

1. 运动前

运动前的水合过程，不仅是为下一次运动做准备，同时也是对上一次运动亏空的补偿过程。人体运动时通过大量排汗来调节体温，汗液丢失量可超过30克/分钟，而排出的汗液来自体内的水分，水的大量丢失就会使机体出现低血容量、高渗透压等情况。运动前的水合过程就是使运动造成的低血容量、高渗透压状态恢复正常水平。运动前补水不充分，机体在已有的低血容量、高渗透压状态下参加运动，会严重影响散热能力，使体温迅速升高。研究发现，机体中心温度上升越快，心血管系统压力就越大，循环血量、心搏量下降也越快，从而导致运动能力的下降。运动发汗会明显的使血浆量、总血量及分布到活跃的肌肉组织的水分及营养减少。在开始运动前10～15分钟，可饮水400～600毫升，以增加体内的水储备。运动前补液，以少量多次为原则，对预防运动中脱水有益，补充400～500毫升未见副作用。

2. 运动中

在运动中采取多次少量的补充水办法满足身体的需要。一般情况下，运动中每隔15～20分钟可补液120～240毫升，大量出汗后，宜选用低渗透压或等渗透压的饮料。运动中补液应按照缺多少补多少的原则，一般情况下每小时的补液总量小于800毫升。每小时的补液总量小于300毫升时往往不能满足需要，当补液量达到2000毫升时，人的机体往往不能耐受，并可能会引发恶心、呕吐现象。

3. 运动后

运动后也应采用少量多次的方法饮水。运动后补液应按缺什么补什么和少量多次的原则。有效地恢复运动中丢失的体液应包括液体的总量和电解质两部分。当补液量大于出汗量时，如补液量是150%的失汗量，体液才能很快地达到平衡。其补液量取决于机体的失汗量，及时补液有利于机体机能的恢复。

（四）运动饮料的选择

1. 运动饮料的种类

补充含有糖、盐和电解质的饮料是补充水和能量的最好的方法。运动饮料是针对运动时能量消耗、机体内环境改变和细胞功能降低，是为了补充能量和体液而研制的。旨在通过刺激饮用和快速吸收来校正体液容量，调节体内电解质和酸碱平衡，及时补充能量，改善体温调节和体内代谢过程等。运动饮料的主要成分是糖和电解质，其主要类型有：（1）以补充糖和热能为主，供耐力运动员饮用的糖饮料；（2）为了防止运动中水盐代谢紊乱而配制的碱性电解质饮料。

（1）糖饮料

糖饮料中的糖以单糖、双糖、低聚糖为宜。单糖有葡萄糖和果糖，其中葡萄糖被摄入后吸收最快，但立即会引起胰岛素的分泌增加，使血糖进入肌细胞，从而引起反应性低血糖，血糖水平甚至低于正常值，不利于维持运动能力，因此在赛前必须注意使用运动饮料的时间。果糖吸收后必须先在肝脏中转化为葡萄糖或糖原，果糖所引起的胰岛素效应低。胃肠对果糖的消化吸收速度也不如葡萄糖吸收快，如果补充较高浓度的果糖溶液，可能会产生胃肠不适，从而不利于机体的运动。大量的研究表明，在运动中伴有大量出汗的情况下，宜选用低渗透压或等渗透压的饮料。运动饮料中含 6% ~7% 的糖不仅能补充足够的能量，而且不影响水的吸收。

目前认为运动前补充低聚糖饮料的效果较好，可以节约人体在长时间运动中肌糖原消耗，可以提高运动耐力。低聚糖是一类 3 ~8 个单糖聚合的小分子化合物，其分解吸收速率比单糖和双糖慢，在提供等量葡萄糖的条件下，其渗透压低，仅为葡萄糖的 1/4，较低的渗透压有助于水的快速吸收，以保证运动中水的补充。低聚糖在其含糖浓度高达 20% 时仍具有低渗透压和低甜度等优点，对于延长耐力运动中糖的供应有特效。

（2）电解质饮料

运动中大量排汗常伴随有电解质的丢失，如果不能及时地补充，就可能影响运动能力的发挥，甚至影响身体健康。汗液中的电解质成分主要是钠、钾，还有少量的镁、钙和微量元素。正常成人体内钠的总量约为60克，大部分存在细胞外液。钠可刺激小肠对糖和水分的摄取，维持细胞外液。细胞外钠对调节体温、水和离子的排空、神经肌肉的兴奋性均有重要的意义。正常人体内钾量约为120克，其中97%在细胞内，血钾浓度为5毫摩尔/升，钾对肌肉收缩和神经传导有重要的作用。钾可协助葡萄糖的跨膜运输，对预防热应激有一定的作用。运动时缺钾，会使糖的利用受限，体内ATP合成和氧化磷酸化过程受干扰，肌内的血流量减少，肌内的相对缺血状态可引起肌肉无力，心脏功能紊乱。因此，补充含适量电解质的运动饮料对提高运动能力是极为有利的。

含电解质的糖饮料在补充水分上优于纯糖饮料。补充糖时，电解质饮料不仅有利于维持体液平衡，而且对血乳酸的恢复有利。

2. 运动饮料的作用

（1）液体对人体的重要作用

水是仅次于氧的维持生命的必需物质。成人体液总量约占体重的60%，其中细胞内液约占体重的40%，血浆约占体重的5%，组织间液约占体重的15%，构成了人体的内环境。在所有的体力活动中都会产生热，所产的热要通过汗液的蒸发来散失。汗液的丢失量有很大的个体差异，它取决于环境条件、运动强度等。实验表明，小量的体液丢失也会影响到动作的准确性和运动技能，体液丢失大于体重的5%可以影响到体温调节和心血管系统等。在运动的前、中、后适时适量地进行补液，可以维持良好的细胞功能，维持体内的血容量，调节体温，获得最大的体力能力。

（2）及时补充能量的重要作用

运动中能源物质被大量消耗，尤其是人体运动的重要能源之一糖的耗竭，是影响运动能力的重要因素。糖作为运动中能量供应物质，耗氧量小，动员快，并且为脂肪与其他营养物质的氧化提供碳骨架。影响高水平运动能力的维持以及运动疲劳产生的主要因素之一就是糖供给，因此，通过运动饮料补液的主要因素之一就是糖供给，因此通过运动饮料中糖的补充对保证运动时能源供应和运动后能源物质的恢复起到一定的作用。

(3) 电解质及维生素对人体的重要作用

运动中电解质的代谢明显加强，运动时电解质主要随汗液大量丢失，汗液中电解质成分主要是钠和钾，还有少量镁、钙和微量元素。

维生素如B族维生素，可以促进能量代谢，维生素C则可清除自由基，减少其对机体的伤害，延缓疲劳的发生；适量的牛磺酸和肌醇，可以促进蛋白质的合成，防止蛋白质的分解，调节新陈代谢，加速疲劳的消除等等。

(五) 不同天气时的喝水健康

1. 适宜天气饮水

人体安静不大出汗时，也要保持少量（每次3大口即可）、多次喝白开水或普通矿泉水或茶水，少喝纯净水或蒸馏水，不喝或少喝果汁、浓咖啡或啤酒（越喝越渴）；一次大量（一次1～2大杯）喝入会导致心脏肾脏负担过大；不要等到口渴再喝水。尤其老年人对于口渴不敏感，一旦口渴就已经可能轻度脱水1%～2%，60千克体重者丢失水分已经达到600～1000毫升水（缺2大杯水）。每天补水应该在至少1.5到1.7升，最大2升（30～35毫升/千克体重）。每天超过2.5升以上水分对健康不利。

运动人群丢失水分多，需要预先水合作用。健身中低强度运动前1个小时开始喝白开水或矿泉水，每10分钟喝3大口，大约150毫升，30分钟约450～500毫升。运动中20～30分钟就要喝2～3口水。运动结束后的体重比运动前不要低于2%（减2%～4%体重达到中度脱水），尿不要呈现较深颜色。正常应该呈现浅黄色。

2. 炎热天气饮水

在夏日高温高湿度时运动，补水不当将出现重度中暑症状，不仅运动能力和成绩下降，甚至危及生命。对于儿童老人，或者有慢性病的人，由于缺水导致血液浓缩，高血糖高血压导致意外事故危险度升高。夏季运动大量出汗时，机体不仅丢失水分，同时丢失矿物质和水溶性维生素，补水不当加重机体高渗性脱水或低渗性脱水，重度中暑危及生命。机体还需要通过水补充身体需要量的大约1/4的钠、镁、钙等重要物质。外界温度高于32℃，湿度高于50%时，不运动也会较多出汗。此时汗不容易蒸发，体温升高。建议此时不参加剧烈运动，否则很容易中暑。建议只做舒适缓和运动或在温度湿度适宜的健身房里运动。一旦有先兆中暑的症状如头晕、头痛、口渴、多汗、恶心、四肢无力、脉搏加快等马上停止运动，到通风处物理降体温，喝盐水。

（六）喝水的其他注意事项

1. 早晨运动需要先补水

很多人有晨练的习惯。晨练对身体有益，晨练前补水的环节不容忽视。因为经过一夜的代谢，身体所剩水分已不多，不进行补水人运动时很可能会造成脱水。因此，晨练前一定要记得补充水分。

2. 运动后忌饮冷水

运动后忌饮过冷的水是因为平时人体的体温在37℃左右，运动后，可上升到39℃左右。如果此时饮用过冷的水，会强烈刺激胃肠道，引起胃肠平滑肌痉挛、血管突然收缩，造成胃肠功能紊乱，导致消化不良等。

3. 运动后别喝碳酸饮料

运动后人体易大量出汗，这时钠会随着汗一起排出，此时若猛喝碳酸饮料，可能造成电解质紊乱。

4. 高血压患者不宜多饮运动饮料

轻松的运动本身对健康有益，但患有高血压的人运动后饮用运动饮料会使血压升高。因为高血压病人必须限制食盐，食盐中含有致使血压上升的钠，而运动饮料含钠量较高，高血压患者饮用后可能引起血压升高，若不加选择地饮用运动饮料，极容易诱发中风，因此高血压患者不宜多饮运动饮料。不同饮用水和饮料的特点见表2－1。

表 2－1 不同饮用水和饮料的特点

类型	优点	缺点
白开水	进入人体后立即发挥新陈代谢作用，调节体温、输送养分，增进免疫，提高机能抗病能力。	过量会导致体内电解质失衡，有可能水分会很快进入到组织细胞内，使细胞水肿，造成水中毒。
纯净水和矿泉水	纯净水有效去除细菌和有机物等污染物，矿泉水在保证无污染物的同时添加多种矿物质元素，对身体有益。	纯净水去除钙、镁、铁、锰、锌等营养元素，长期饮用使人体某些矿物质或微量元素摄入不足。矿泉水是最有益的，但市场上的矿泉水大多属人工制造，这就丧失了矿泉水对人体最大的好处。
运动饮料	可补充人体流汗所失掉的钾、镁、钠等元素，维持体液平衡，迅速补充能量。	盲目饮用饮料中的各种电解质会加重血液血管肾脏的负担，加大心脏负荷。

二、吃什么有益消除运动疲劳

健身爱好者在剧烈运动后常有肌肉发胀、关节酸痛、精神疲乏之感。为了尽快解除疲劳，他们就会买些鸡、鱼、肉、蛋等大吃一顿，以为这样可补充营养，尽快地消除运动疲劳。其实，这是一种错误的观念。

人类的食物可分为酸性食物和碱性食物。判断食物的酸碱性，并非根据人们的味觉，也不是根据食物溶于水中的化学性，而是根据食物进入人体后所生成的最终代谢物的酸碱性而定。酸性食物通常含有丰富的蛋白质、脂肪和糖类，含有成酸元素较多，在体内代谢后形成酸性物质，可降低血液、体液内的 PH 值。蔬菜、水果等含有钾、钠、钙、镁等元素，在体内代谢后生成碱性物质，能阻止血液向酸性方面变化。所以，酸味的水果一般都为碱性食物而不是酸性食物。鸡、鱼、肉、蛋、糖等味虽不酸，但却是酸性食物。

科学研究表明：只有体液呈弱碱性，才能保持人体健康。正常人体液呈弱碱性，人在体育锻炼后，感到肌肉、关节酸胀和精神疲乏，其主要原因是体内的糖、脂肪、蛋白质被大量分解，在分解过程中，产生乳酸、磷酸等酸性物质。这些酸性物质刺激人体组织器官，使人感到肌肉、关节酸胀和精神疲乏。而此时若单纯食用富含酸性物质的肉、蛋、鱼等，会使体液更加酸性化，不利于疲劳的解除。而食用蔬菜、甘薯、柑橘、苹果之类的水果，由于它们的成碱性作用，可以消除体内过剩的酸，降低尿的酸度，增加尿酸的溶解度。

所以，人在体育锻炼后，应多吃些富含碱性的食物，如水果、蔬菜、豆制品等，以利于保持人体内酸碱度的基本平衡，保持人体健康，尽快消除运动带来的疲劳。

第六节　运动环境

运动离不开环境，运动包括旨在促进身体正常发育和充分发展身体机能的各种锻炼方法和活动项目。运动时人体的各器官系统都处在一种高度的工作状态，对满足机体需要的空气、温度、湿度、阳光等环境条件要求较高，如果环境状况不佳，不仅收不到锻炼的效果反而使健康受到伤害。

在体育活动场所附近的空气污染（工业废气、尘埃等）及吸烟引起的烟雾，均降低运动能力并有害于健康，普通成年人每分钟吸入空气约 9 升，而在剧烈运动时，每分钟吸入的空气可达 100 升，增加了十余倍。若空气中含有有害成分，运动时吸入体内的有害物质就比平时多得多，对身体的危害更大。运动场地周围环境噪音，可以影响人的注意力集中，影响锻炼效果，并可能引起伤害事故。实验证明，噪音会降低工作效率，加速疲劳的发展。

环境的温度和湿度也是影响运动的因素。气温过高，出汗太多，会丧失大量水分和钾、钠、钙、镁等物质，如果不及时补充，就可能发生脱水现象，如在炎热的环境中进行耐力性项目，其无氧代谢的能量供应相对增加，结果血液和组织中的乳酸堆积就会增加，使工作能力下降，并提前出现疲劳状态。在热天进行体育活动，可使体温升高，当超过一定限度时，可发生中暑；在强烈的阳光下运动很容易晒伤，特别是由于人类的工业活动，使得臭氧层遭到严重破坏，晒伤的可能性更大。在寒冷的环境中进行运动，要消耗更多的热量，人体为了维持一定的体温，可能产生寒颤和不适。雾天会加剧大气污染，大雾时气压高、空气湿度大，不利于皮肤的散热和肺泡的气体交换，使人感到闷热，甚至胸闷憋气等供氧不足等症状。所以，雾天时最好不要到户外锻炼。

运动场地的硬度和平滑情况，对人体在进行运动时的影响也是较大的，人体在进行跑跳活动时，踏地的力量很大，如起跳时的踏地力可达几百千克，踏地力越大，受地面的反作用力越大，地面越硬，其反作用力也越大。若场地过软，反作用力不足，会影响运动能力的发挥，跑不快，跳不高。相反，若场地过硬，反作用力过大，则容易造成下肢的应力性操作（如髌骨与胫腓骨的疲劳性骨膜炎或骨折，或创伤性关节炎等）。场地不平或过滑可以使人造成运动损伤。

因此，环境对人体在运动时的影响比平时大，为了保护身体健康和保证运动能力的发挥，必须注意环境的状况，尽量使其符合卫生要求。

第七节　运动装备

一、运动鞋

运动鞋，顾名思义是指健身或竞技体育时所穿的鞋。它能满足人们运动的各种需求，保证双脚能够在运动中发挥其基本功能。运动又分为竞技体育运动和健身体育运动以及休闲运动、娱乐运动等。无论是哪一种运动都需要脚上穿上具有保护作用、提高运动效果的鞋。运动鞋不仅要求具有一般鞋的舒适、保护、美观等特性，而且更加注重如何避免运动伤害、增强运动功能、提高运动成绩。

运动鞋与皮鞋、胶鞋的最大区别，也是最根本的区别就在于功能方面。一般皮鞋、胶鞋在功能方面主要强调的是防滑、舒适、保温、透气和美观。而运动鞋不仅要满足上述要求，还要根据运动项目的特殊性，分别要求具有弹性、能量回归、减震、控制脚部的翻转、运动保护、符合运动生理卫生要求、提高运动成绩等。运动鞋设计中要满足运动中的力学、生物学、人体工程学、运动学、运动生理学、卫生学的要求。例如，运动鞋的避震功能可以防止运动伤害，防止胫骨痛、骨折及关节痛，还可以减轻疲倦感，提高运动表现，迅速恢复体力，不易造成双脚酸痛。运动鞋的避震系统一般位于中底，像 NIKE 的专业气垫就采用氨酯材料做气囊，气囊里是特殊、高压的大分子气体，当气垫受到外部冲击时，它会迅速提供缓冲作用，使脚能柔软地着地，而气垫本身则迅速恢复原来的形状。NIKE 的这种专业气垫可以使鞋子变得更轻，从而减少体能的消耗，使运动表现得更佳，而且不同用途的鞋子也设计有不同的气垫。有了这样的缓震保护，当你的双脚面对坚硬和崎岖不平的山路时，就可以给肌肉、骨骼及关节最佳的保护。

不同的运动对鞋子的要求也不同。对于一些经常参加体育项目的人来说，可能会需要一双结实耐用，而且可以给你双脚保护的运动鞋。像篮球、网球和排球，这类运动的鞋子就应该着重保护脚踝，因为这些运动经常会急跑骤停，对脚踝的冲击力相当大。鞋子需要适合急停、横向滑动的要求，鞋底应有较好的弹性，同时又不能太厚，这样才能降低重心，以保证脚踝在左右移动时不致扭伤。如果仅仅是通过走路来锻炼身体，那么应该首先考虑的是鞋跟的减震功能。而跑步鞋则需要有更好的弹性和良好的缓冲能力，重量也要更轻。其他还有像高尔夫、自行车、足球、棒球等这类运动也需要专业的运动鞋。

二、运动护具

随着“全民健身”运动的深入展开，人们的健身意识在逐年增强，参加体育运动的人越来越多，不过在平时的运动中人们很少使用运动护具。运动护具的目的是预防运动伤害或保护一个已受伤的部位。它是可以限制某一关节的活动度、降低表皮的摩擦力或吸收冲击的能量来达到防护目的的装置，如从足关节的护踝到肘关节的护肘，从举重时用的腰带到滑雪时用的保护眼镜。

目前许多人认为，在业余的体育锻炼和比赛中，做做准备活动，然后自己再多注意一些，受伤的机率也就小了。其实这种想法不完全正确，因为那种损伤，就说扭伤、摔伤、各种磕碰伤在运动损伤里只占到2%，它的名称叫作意外伤。而将近98%的损伤是那种运动技术性伤。由于我们一般没有进行过专门的训练，再加上自我的保护意识不够，对这种技术性损伤的认识又不到位，所以，我们往往忽视了它的存在。可它对我们的伤害可是很大的。在运动中容易出现损伤的部位是我们的各关节，像膝关节、肘关节、踝关节和腕关节等等。喜欢打网球、羽毛球、乒乓球的朋友，在一场球打下来，尤其是在打反手球的时候，肘部会疼，专家告诉我们这个俗称叫“网球肘”。而且这个网球肘主要是在击球的一刹那，腕关节没有制动，没有锁腕，前臂的伸肌被过度牵拉，引起附着点的损伤，把肘关节保护后，腕关节没有保护，这样在击球的时候还是有一个过度的过屈动作，这样对肘关节的损伤还可以加重。所以在打网球的时候，如果感到肘关节痛，在戴上护肘的同时，你最好是戴上护腕。

运动护具虽然种类很多，但在进行运动和比赛的时候，不是在每一项运动中都得带全，要针对不同的运动项目选择必要的护具，对容易受伤的部位进行有效的保护就可以。如果要打篮球，戴上护膝、护踝这几样就可以了。如果去踢足球，除了护膝、护踝以外，最好戴上护腿板，因为在足球运动中胫骨是最容易受伤的部位。老年人由于骨质和关节出现不同的劳损，所以老年朋友在进行郊游和远足的时候应戴一些护踝、护膝和护腰，而且在进行平时的锻炼中，首先要控制好自己的运动量，其次就是不要做那些对关节和肌腱过度拉伸的运动。

第三章 骨关节活力操理论研究

第一节　骨关节活力操的创编

一、创编依据

以体医融合为指导，满足服务普通百姓科学健身的需要。

体质与健康素质是人类生产和生活的物质基础，是国民素质的重要组成部分，与人民生活和国家发展息息相关，运动健身是提高体质与健康素质的重要手段。2014 年 10 月 2 日，国务院颁布《关于加快发展体育产业促进体育消费的若干意见》国发〔2014〕46 号，首次将全民健身上升为国家战略，全民健身成为实现健康中国战略目标的重要保障。没有全民健康，就没有全面小康，2016 年 8 月 26 日中共中央政治局审议通过“健康中国 2030”规划纲要。“健康中国 2030”规划纲要是今后 15 年推进健康中国建设的行动纲领。纲领要从广泛的健康影响因素入手，以普及健康生活、优化健康服务、完善健康保障、建设健康环境、发展健康产业为重点，把健康融入所有政策，全方位、全周期保障人民健康，大幅提高健康水平，显著改善健康公平。

骨关节活力操正是在这种大背景下由国家国民体质监测中心科研团队在2016年研制的一套健身方法。科研团队集体育和医学方面的专家共同创编研制，骨关节活力操是基于“体医结合”的理念产生的。“体医结合”的锻炼理念有助于帮助大家及时解决在锻炼中既要锻炼骨关节，同时也要保护骨关节及其自身的安全。它在全民健身活动中是“体医结合”效果显著的一种运动，全民健身的最终目标就是实现体医的完美结合。“体医结合”就是体育和医学的结合，是指运动医学、保健体育、康复医学、医学营养、健康评估、运动处方等众多知识的集合，体育和医学紧密结合，相互补充，相互渗透，相互促进。简而言之，“体医结合”就是用运动手段促进健康，在“医疗”概念中加入运动体育的元素。本套操以运动生理学、运动医学、运动训练学等人体运动科学为基础，按照骨关节的生理生长和自我机能调节规律，将骨关节的激活与强健动作进行整合编排，从而有效地给予骨关节适当的生理刺激，促进骨关节的润滑作用，增进骨关节的活动能力。

生命在于运动，随着人们生活水平的不断提高和对自身健康的关注，喜欢运动的人越来越多。科学运动能促进健康，但是不适当的运动会损害健康，这也包括关节的损伤。运动对关节软骨的影响是非常复杂。大量流行病学文献资料表明，关节软骨磨损的发生与不适当的应力载荷有关。有学者做实验对长跑后的运动员进行MRI检查，发现膝关节软骨内存在异常信号改变，并且在运动后3个月内持续存在，从而认为是关节软骨磨损的高危因素。为了进一步发现运动对关节软骨的影响，研究者们建立不同强度大鼠膝关节运动负荷模型，证实长期高强度运动会导致关节软骨中基质流失，胶原网状结构破坏，引起关节蜕变，但中等强度运动会对软骨有一定的塑形作用，减少软骨组织内活性氧的含量、增加软骨中基质的含量，从而可以保护关节软骨。由此得出结论，运动能否引起骨关节磨损的发生，应该和运动的量、强度、周期有很大关系，并有一定的个体差异。

过度运动对关节不好，而缺少运动也对关节不好，缺少运动包括长期不参加健身活动，使全关节活动度减小，以及由于伤病使关节被长期制动。长期制动对关节的影响表现为：关节囊和韧带组织缺乏被动牵伸，可逐渐缩短，引起关节活动受限。制动使关节周围疏松结缔组织中的胶原纤维因胶原分子横链增加，或新纤维形成而互相粘连，致使伸展性受限，引起关节挛缩。制动妨碍关节滑液的分泌和流转，关节面软骨缺乏挤压，可引起软骨营养障碍及萎缩。制动还可使滑液干涸，滑囊闭合、粘连，甚至消失，从而造成关节周围粘连。最终引起关节结构和周围软组织产生一系列改变，导致关节活动度下降。另外，随着年龄的增加，体力活动减少，关节周围的关节囊、韧带、肌肉等软组织逐渐萎缩，肌力下降和平衡降低，关节活动度下降，骨钙逐渐丢失和骨密度的下降，骨及关节变形，也会影响关节的健康。

骨关节活力操主要是锻炼人的关节，与其他健身操类相比，该操简单易行、不容易受伤，能够使全身的关节得到全面锻炼，很有针对性。据观察研究发现，通过骨关节活力操锻炼能有效提高身体的柔韧性，运动解剖学认为柔韧性为关节运动的幅度，通常以关节活动的角度表示。人体运动中所说的柔韧性是指人体某个关节或数个关节联合运动的动作幅度，例如躯干前屈的柔韧性就是脊柱（特别腰段）的运动幅度和髋关节的运动幅度的总和。柔韧性是指人体完成动作时，关节、肌肉、肌腱和韧带的伸展能力。柔韧素质的提高，对增强身体的适应能力，更好的发挥力量、速度、灵敏等素质，提高技能和技术，防止运动损伤，都有积极的作用。对人们日常生活、劳动、体育锻炼都有重要意义。柔韧素质是提高其他身体素质的重要保证之一。同时对解除关节周围肌肉紧张、促进关节疲劳恢复均有很好的效果。另外还能提高身体的平衡性，促进躯干部分的稳定，改善身体姿态。

骨关节活力操完成创编之初，在 2016 年下半年由国家体育总局体育科学研究所举行的 2016 年全国运动健身指导活动中的 12 个承办城市进行推广。在 2017 年科学健身中国行的 14 个承办城市进行推广。各承办城市派健身操教练参加骨关节活力操培训班，学会后在各自城市组织上百人进行教学和练习，参加全国运动健身指导活动的骨关节活力操展演活动。参加骨关节活力操学习和练习的受益群众达 1.5 万人。受到参与群众的欢迎，达到良好的社会效益。骨关节活力操为广大健身爱好者提供了一项安全、有效、科学的锻炼方法。这对促进全国群体健身运动的开展与发展，丰富群众体育形式，改善人民的健康状况都有着重要的现实意义和指导价值，并为完善我国全民健身服务体系提供了科技服务。

二、创编设计思路

（一）分段完成，突出重点

在总体构思指导下，进行分部分段创编。首先根据骨关节的锻炼特点勾勒出成套动作框架，基本分为准备活动、主体部分和整理放松三大部分，然后细化这三个大部为8个节段，使整套动作更系统完整。在分为几部的同时，不能疏忽我们的创编目的。因此，中段的主体部分应该体现出明显锻炼身体主要关节的特征并应保证一定的运动量。

（二）动作设计

动作构成成套健身操最基本的单位。有不同的单个动作进行组合构成单节操，再由单节操进行组合，构成成套动作组合，最后，合成一套完整的健身操。骨关节活力操为徒手操，以身体运动为主，不附加任何器械。身体运动包括牵拉类动作、转体类动作、跳跃类动作、平衡类动作和柔韧类动作，以达到全面锻炼身体各处关节的目的。在健身操的创编过程中，动作创编要求简单易学，避免难度过大和容易发生运动损伤的动作，主要以提高有氧耐力的动作为主，平衡类动作为辅，配合中速音乐使锻炼者融入其中。

（三）音乐设计

音乐是健身操创编中重要的一部分。创编必须符合该套操所选择的音乐的节奏和情绪。健身操中的音乐不仅是伴奏，更重要的是它给参与者带来一种境界，通过节奏和旋律表达一定的情绪，进而引起参与者在情绪上的共鸣。在健身操创编时，健身操的动作风格取决于音乐的风格。音乐可以提高参与者的情绪，激发兴趣，使他们在参与的同时获得愉悦的心情，从而积极主动地投入到锻炼当中。在健身操的准备部分，节拍的变化不宜过快，配合音乐的节奏使得锻炼者逐步进入状态，基本部分节奏由慢至快，使锻炼者达到兴奋状态，动作难度逐步提高，放松整理部分，节奏缓慢降低，使得锻炼者心情慢慢放松下来，逐渐达到稳定状态。健身操音乐的节奏以中速沉稳为主，动作速度多为一拍一动，其中加入了拍打动作，增强节奏感。

（四）时间设计

健身操的时间长度主要表现在动作速度和持续时间两个方面，动作速度和持续时间决定成套健身操的难易程度和运动总负荷量，直接影响健身操的锻炼效果。骨关节活力操的动作速度是根据普通参与者的运动能力、接受程度和动作类型来进行设计的。设计的动作速度适中。健身操的锻炼时间基本控制在4分钟左右，骨关节活力操成套动作时间为4分10秒，控制练习时间长度不仅可以提高参与者的锻炼效果，还可以避免过长时间运动、运动质量下降。骨关节活力操分为上肢关节的练习、躯干关节的练习以及下肢关节的练习。准备和放松整理部分相对缓慢，强度较低，中间部分锻炼强度慢慢增强，达到锻炼效果。骨关节活力操的锻炼基本覆盖全身的主要关节，因此在锻炼过程中全身的关节练习时间应平均进行分配，动作创编时，尽量包含设计上肢关节、躯干关节以及下肢关节三大部位的练习动作，使锻炼者达到身体全面发展的目的。

（五）空间要素

空间指运动着的物质的存在形式，空间主要是由动作空间和移动空间组成。空间具有广延性，表现在方位、路线、方向的变化。运动空间的范围主要分为地面二维空间和垂直面的三维空间，身体运动方向以上下、前后、左右六个基本方位和他们之间的斜线方位，成套动作中动作空间在不断变化，无论是垂直空间还是地面空间，都有方向的变化。因此，科学合理的利用方向变化可以提高整体创编的效果。移动空间的动作方位，包括前、后、左、右、左斜前、右斜前、左斜后、右斜后8个方位，动作移动的路线包括直线、曲线、弧线。在创编骨关节活力操时，要根据锻炼者的运动能力合理运用不同路线、方向以及方位来进行创编，避免出现形式单一乏味或者纷繁复杂的路线方位。

三、创编原则

（一）针对性原则

本套健身操是根据身体关节的锻炼特点有针对性地进行创编的，包括牵伸全身关节，增加肩关节以及躯干、下肢协调稳定的控制能力，增加躯干侧屈功能，提高躯干、下肢动作的稳定性，提高上肢、下肢动作的协调性，加强重力刺激骨关节，同时，也有一定的心肺功能锻炼。

（二）创新性原则

创编者充分了解参与人群的生理心理特点、全民健身的开展情况的依据后，明确创编的任务，根据骨关节锻炼的特点进行创编。创新性原则具体体现在动作创新、编排创新、音乐创新等方面。在创编过程中，动作设计除参考以往的健身操动作外，对单个动作或者是衔接动作进行创新，做到准确、流畅、给人新颖的感觉。同时，在创编的过程当中，在吸取以往传统创编的经验的基础上，加入了流行时尚的元素，充分体现出时代特征。

（三）易学原则

因最终成果将纳入国家全民健身服务体系，在社会上推广，而且面对的受众为普通的健身群体，因此简单易学是保证其大众化的关键。

（四）均衡性原则

在健身操的创编中，既要考虑参与练习者在锻炼时身体各部位的关节得到全面均衡发展，因此，根据人体解剖和生理特点，将整套健身操的动作，分为上肢关节动作、躯干关节动作、下肢关节动作三部分，其中包括了对称性和非对称性的动作，大幅度和中小幅度的动作，大摆动和小摆动的动作，原地和方向变化的移动动作和腾空动作。考虑动作空间方位、路线的长短、曲直搭配，动作幅度、速度和力度的大小、快慢以及强弱的对比。做到使身体的各部位活动与各类型运动合理安排，使身体关节得到均衡的锻炼。

（五）形声和谐原则

健身操音乐节奏感强，可以激发起锻炼者的情绪，在明快的音乐节奏中进行全身关节运动，达到健身目的。因此，健身操的创编应将动作的“形”与音乐的“声”相结合，达到相辅相成，和谐统一。除此之外，在创编过程中不但要考虑音乐与动作风格的和谐，还要考虑健、力、美的和谐。随音乐变化，动作递进，音乐配合变化的动作，保持整套操韵律感，锻炼者在明快的音乐节奏中进行全身各关节、各部位的节律运动。在欢快的音乐旋律中达到健身目的。

（六）合理负荷原则

由于运动的强度，动作的速度、幅度以及肌肉的发力都会直接影响运动负荷。所以，为了有效达到最佳锻炼效果，在创编时应注意逐渐上升或下降运动负荷。遵循由远端至近端的活动顺序，尽量避免局部的运动负荷过大，产生过度疲劳，在动作完成时避免过分用力或憋气。确保在有氧运动范围内，符合有氧代谢的特点。注意保护身体的各个关节，避免错误运动给关节带来的损伤。

四、骨关节活力操的创编内容

（一）第一节　唤醒关节（8拍×4）

预备：站立（图3－1）

图3－1

第1~4拍：左脚向侧一步，两脚距离比肩稍宽，上体慢慢向上、向后伸展，挺胸，同时两臂经前向上至斜上举，手呈花掌外旋，向前上方抬头。（图3－2、图3－3）

图3－2

图3－3

第5~8拍：左脚收回，两腿屈膝成半蹲，同时上体前屈，两臂经前、下尽量向后伸，五指并拢内旋，掌心向外，眼看脚。（图3－4、图3－5）

图3－4

图3－5

第 2 个八拍同第一个八拍，但出右腿做。第 3 ~4 个八拍同第 1 ~2 个八拍。最后一拍还原成站立（图 3 –6）。

图 3 –6

作用：缓慢伸展，牵伸全身关节，激活身体。

（二）第二节　灵动关节（8 拍 ×4）

预备：站立（图 3 –7）

图 3 –7

第1拍：左脚向前一步，两臂侧举，掌心向下。(图3－8)

第2拍：两腿屈膝，左臂屈肘前举，前臂向上，掌心向右；同时右臂屈肘前举，右手指触左肘下，掌心向下。(图3－9)

图3－8

图3－9

第3拍：两腿伸直，重心在左腿上，右前臂向上与地面垂直，掌心向左，左前臂放平，左手指触右肘上。(图3－10)

第4拍：还原成站立。(图3－11)

图3－10

图3－11

5～8拍同1～4拍，但方向相反。第2、3、4个八拍同第1个八拍。

作用：增加肩关节以及躯干、下肢协调稳定的控制能力。

（三）第三节　下润关节（8 拍 ×4）

预备：站立（图 3－12）

第 1 拍：右脚向后一步，两臂侧举，掌心向下。（图 3－13）

图 3－12

图 3－13

第 2 拍：两腿屈膝，同时左臂侧下举，右臂在头后屈肘，手指触左侧肩胛骨上缘，掌心向前，面向左下方。（图 3－14、图 3－15）

图 3－14

图 3－15（背面）

第 3 拍：两腿伸直，两臂侧举。（图 3－16）

第 4 拍：收右腿还原成站立。（图 3－17）

图 3－16

图 3－17

5～8 拍同 1～4 拍，但方向相反。第 2、3、4 个八拍同第 1 个八拍。

作用：增加躯干、下肢向后移动的稳定性，提高上肢复合动作的功能。

（四）第四节　上滑关节（8 拍 ×4）

预备：站立（图 3－18）。

第 1 拍：左脚向前一步，两臂侧举。（图 3－19）

图 3－18

图 3－19

第 2 拍：两腿屈膝，同时左臂侧上举，掌心向前，右臂在体后屈肘，手指触左侧肩胛骨下缘，掌心向后。面向左上方。（图 3－20、图 3－21）

图 3－20

图 3－21（背面）

第 3 拍：两腿伸直，两臂侧举。（图 3－22）

第 4 拍：收左腿还原成站立。（图 3－23）

图 3－22

图 3－23

5～8 拍同 1～4 拍，但方向相反。第 2、3、4 个八拍同第 1 个八拍。

作用：增加躯干、下肢向前移动的稳定性，提高上肢复合动作的功能。

（五）第五节　稳定关节（8 拍 ×4）

预备：站立（图 3－24）。

第 1 拍：左脚向侧一大步，约两倍肩宽，同时屈膝至半蹲，两臂侧举。（图 3－25）

图 3－24

图 3－25

第 2 拍：两腿伸直，同时上体向左侧屈，两臂侧举成一直线与地面垂直，掌心向前，头向右转，眼看右手。（图 3－26）

第 3 拍：还原成第 2 拍的姿势。（图 3－27）

图 3－26

图 3－27

第 4 拍：收左腿还原成站立。（图 3 – 28）

图 3 –28

5 ~8 拍同 1 ~4 拍，但方向相反。第 2、3、4 个八拍同第 1 个八拍。

作用：增加躯干侧屈功能，提高躯干、下肢动作的稳定性。

（六）第六节　协调关节（8 拍 ×4）

预备：站立（图 3 – 29）

图 3 –29

第 1 拍：左脚前点地，两臂侧举屈肘，前臂向上，掌心向前。（图 3 –30、图 3 –31）

图 3 –30

图 3 –31（侧面）

第 2 拍：两臂向前，前臂、掌心靠拢，同时左髋向侧打开，左脚侧点地。（图 3 –32、图 3 –33）

图 3 –32

图 3 –33（侧面）

第 3 拍：还原成第 1 拍。(图 3－34、图 3－35)

图 3－34

图 3－35（侧面）

第 4 拍：收左腿还原成站立。(图 3－36)

图 3－36

5～8 拍同 1～4 拍，但方向相反。第 2、3、4 个八拍同第 1 个八拍。

作用：提高上肢、下肢动作的协调性，增加做旋转动作时身体的稳定控制力。

（七）第七节　强壮关节（8 拍 ×4）

预备：站立（图 3 – 37）。

图 3 – 37

第 1 拍：跳成分腿站立，微屈膝，同时两臂屈肘 90°侧举，左臂外旋前臂向上，掌心向前；右臂内旋，前臂向下，掌心向后。（图 3 – 38、图 3 – 39）

图 3 – 38

图 3 – 39

第 2 拍：跳成并腿站立，微屈膝，同时右臂外旋前臂向上，掌心向前；左臂内旋，前臂向下，掌心向后。（图 3 – 40、图 3 – 41）

图 3 –40

图 3 –41

第 3 拍：跳成分腿站立，两臂侧上举，掌心相对，向前上方抬头（图 3 – 42、图 3 – 43）。

图 3 –42

图 3 –43

第4拍：跳成并腿站立，微屈膝，同时两臂经侧至体侧（图3-44）。

图3-44

5~8拍同1~4拍，但方向相反。第2、3、4个八拍同第1个八拍。
最后一拍还原成站立。
作用：加强心肺功能锻炼，加强重力刺激，提高全身的协调稳定能力。

（八）第八节　整理关节（8拍×4）

预备：站立（图3-45）。
第1拍：左脚向侧出一大步，约两倍肩宽，屈膝半蹲，两臂侧举（图3-46）。

图3-45

图3-46

第 2 拍：两脚以前脚掌为轴向左转体 90°成左弓步（图 3 – 47）。

图 3 – 47

第 3 ~4 拍：两臂经下前摆至斜上举，掌心相对，向前上方抬头（图 3 – 48、图 3 – 49）。

图 3 – 48

图 3 – 49

第 5 ~6 拍：两臂经前至体侧（图 3 – 50）。

图 3 –50

第 7 拍：两脚以前脚掌为轴向右转体 90°，两腿伸直（图 3 – 51）。
第 8 拍：收左腿还原成站立（图 3 – 52）。

图 3 –51

图 3 –52

第 2 个八拍同第 1 个八拍，但方向相反。第 3、4 个八拍同第 1、2 个八拍。
作用：整理恢复，缓慢伸展，促进最大范围的全身活动。

第二节　骨关节活力操的主要特点

一、骨关节活力操的结构

本套骨关节活力操节奏缓和，强度适中，锻炼全面，简单易学，循序渐进，适合所有人。操中融入了日常生活的身体功能训练，降低静坐少动以及不良身体姿势带来的身体隐性损害，起到预防骨关节疾病的作用，是“体医结合”的典型的运动方式。这套操一共8节，分别如下。

（1）唤醒关节：缓慢伸展，牵伸全身关节，激活身体。

（2）灵动关节：增加肩关节以及躯干、下肢协调稳定的控制能力。

（3）下润关节：增加躯干、下肢向后移动的稳定性，提高上肢复合动作的功能。

（4）上滑关节：增加躯干、下肢向前移动的稳定性，提高上肢复合动作的功能。

（5）稳定关节：增加躯干侧屈功能，提高躯干、下肢动作的稳定性。

（6）协调关节：提高上肢、下肢动作的协调性，增加做旋转动作时身体的稳定控制力。

（7）强壮关节：加强心肺功能锻炼，加强重力刺激，提高全身的协调稳定能力。

（8）整理关节：整理恢复，缓慢伸展，促进最大范围的全身活动。

二、骨关节活力操的特点

（一）体医结合

体育和医学的结合，是指运动医学、保健体育、康复医学、医学营养、健康评估、运动处方等众多知识的集合，体育和医学紧密结合，相互补充，相互渗透，相互促进。本套操以运动生理学、运动医学、运动训练学等人体运动科学为基础，按照骨关节的生理生长和自我机能调节规律，将骨关节的激活与强健动作进行整合编排，力争使每套动作都有充分的医学依据。这样才能保证大众推广时的安全和有效。

（二）体美结合

发挥健身操的健身优势，结合舞蹈优美的动作表现形式，力求具有一定的欣赏性，激发参与者的兴趣，达到健身和悦心的双重锻炼效果。

（三）动静结合

遵循动与静的创编原则，在保证一定的运动量的前提下又有准备活动和整理放松，力求劳逸结合。

（四）全身和局部结合

遵循全面均衡发展的创编原则，结合局部主要关节的重点锻炼，兼顾全身，力求全面锻炼、突出重点。

三、骨关节活力操练习注意事项

（一）充分做好准备活动

由于人体在相对安静状态下，各种机能活动水平较低。因此，为了避免突然剧烈运动带来的关节肌肉损伤以及器官系统不适应现象，在练习骨关节活力操前应做好准备活动。可以通过简单的头部、肩胸、腰腹、髋部、下肢、脚踝等部位小范围原地活动，达到充分热身的目的。但在准备活动环节，动作幅度应由小到大，切忌动作过猛过快，脚步落地时注意膝关节缓冲，避免运动损伤。

（二）确保动作正确规范

动作的正确性和规范性是达到最佳锻炼效果的重要前提。在整个锻炼过程中，注意力要高度集中，切忌整个身体松散，加大运动幅度，使全身肌肉处于协调用力的状态，注意动作轨迹，确保在有限的锻炼时间内达到最佳的锻炼效果。

（三）做好放松活动

整理放松活动，是练习骨关节活力操运动必不可少的环节。它对于人体快速恢复体力、消除疲劳和避免运动不适等具有重要意义。本套操采用拉伸的方式进行整理放松，主要包括肩部、腰部和腿部的拉伸。

实 验 篇

第四章 骨关节活力操实验研究

第一节 目的和意义

体质与健康素质是人类生产和生活的物质基础，是国民素质的重要组成部分，与人民生活和国家发展息息相关，运动健身是提高体质与健康素质的重要手段。国家在《国家中长期科学和技术发展规划纲要（2006—2020）》中提出了全面建设小康社会需要“提供健康保障”的科技目标。“健康中国 2030”规划纲要提出，要大力开展全民健身运动，推动全民健身和全民健康深度融合，面对“健康中国 2030”的光荣使命，必须聚焦大幅度增强和改善国民体质和大幅度增加规律性运动人口。2017 年印发的《全民健身计划（2016—2020 年）》，将全民健身作为“实现全民健康的重要途径和手段”，要大力开展科学健身指导，开发保持健康的健身手段和方法。

骨关节活力操是国家体育总局体科所群体中心以王梅研究员为首的团队研制的一套健身功法。本套操以运动生理学、运动医学、运动训练学等人体运动科学为基础，按照骨关节的生理生长和自我机能调节规律，将骨关节的激活与强健动作进行整合编排，从而有效地给予骨关节适当的生理刺激，促进骨关节的润滑作用，增进骨关节的支撑活动能力。本套操节奏缓和，锻炼全面，简单易学，循序渐进，适合所有人。操中融入了日常生活的身体功能训练，降低静坐少动以及不良身体姿势带来的身体隐性损害，起到预防骨关节疾病的作用。这套操一共 8 节，详细介绍见第三章。

骨关节活力操主要是锻炼人的关节，与其他健身操类相比，该操简单易行、不容易受伤，能够使全身的关节得到全面锻炼，很有针对性。据初步观察发现，通过骨关节活力操锻炼能有效提高身体的柔软性和平衡性，对解除肌肉紧张、促进疲劳恢复、运动损伤的康复均有很好的效果。目前，我国喜欢参加锻炼的人群很多，锻炼方法也种类繁多，有些人因动作不合理，或负荷不适宜造成伤病，还有人不了解自己的实际情况盲目锻炼，得不到效果而失去练习兴趣以致终止运动。本实验对骨关节活力操这项新的健身功法进行研究，并希望通过现代科学检测手段给予分析论证，为广大健身爱好者提供一项安全、有效、科学的锻炼方法。对促进全国群体健身运动的开展与发展，丰富群众体育形式，改善人民的健康状况都有着重要的现实意义和指导价值，为完善我国全民健身服务体系提供了科技服务。

第二节 课题实验方案

一、研究对象

选取济南市 20 ~ 39 岁市民共 120 人，其中男 60 人，女 60 人。分组情况如下：男骨关节活力操干预组 20 人，男广播体操干预组 20，男对照组 20 人；女骨关节活力操干预组 20 人，女广播体操干预组 20，女对照组 20 人。参加实验的市民均为身体健康，无任何疾病史，且未参加过任何形式体育专业训练的普通人群。男女骨关节活力操组参加骨关节活力操的训练，男女广播体操组参加广播体操的训练，对照组男女只参加他们正常的体育锻炼。

二、实验方法

实验对象共锻炼3个月，每周锻炼3次，每周一、三、五各进行1次，每次40分钟（准备活动10分钟，正式项目练习20分钟，整理放松活动10分钟），骨关节操组正式练习项目为国家国民体质监测中心编制的骨关节活力操，广播体操组正式练习项目为国家第九套广播体操。对照组也在同一时间到现场进行40分钟普通的跑步体育锻炼，运动强度和实验组相当。所有受试者其余时间均不进行日常体力活动以外的其他体育锻炼。

三、实验控制

3个实验组的受试者均在同一时间段内，在相同的练习场地进行同等时长的身体锻炼，其余时间均不进行日常体力活动以外的其他体育锻炼。

正式实验前，先进行8人的预实验，利用POLAR心率表，以国家第九套广播体操为标准，对骨关节活力操的训练强度进行标定，通过调整节奏和练习间歇，使骨关节活力操的运动强度与国家第九套广播体操基本一致。对照组采用同样的运动强度和能量消耗进行控制。

四、指标及测试方法

（一）柔韧素质测试

1. 关节活动度测试

测试仪器：关节角度仪。

测量方法：测量身体肘、肩、髋、膝、踝等等主要关节的关节活动度，测试时以右侧肢体为测量对象。（表4－1）

表 4－1　关节活动度测试

关节	运动	受检体位	测量计放置方法		
			轴心	固定臂	移动臂
肩	屈伸	坐或立位，臂置于体侧，肘伸直	肩峰	与腋中线平行	与肱骨纵轴平行
	内收外展	坐和站位，臂置于体侧，肘伸直	肩峰	与身体中线平行	与肱骨纵轴平行
	内旋外旋	仰卧，肩外展 90°，肘屈 90°	鹰嘴	与腋中线平行	与前臂纵轴平行
肩胛带	屈曲伸展	坐位	头顶	通过肩峰与前额面的投影线一致	头顶和肩峰的连线
肘	屈伸	仰卧或坐或立位，臂取解剖位	肱骨外上髁	与肱骨纵轴平行	与桡骨纵轴平行
髋	屈	仰卧或侧卧，对侧下肢伸直	股骨大转子	与身体纵轴平行	与股骨纵轴平行
	伸	侧卧，背侧下肢在上	股骨大转子	与身体纵轴平行	与股骨纵轴平行
	内收外展	仰卧	髂前上棘	左右髂前上棘连线的垂直线	髂前上棘至髌骨中心的连线
	内旋外旋	仰卧，两小腿于床沿外下垂	髌骨下端	与地面垂直	与胫骨纵轴平行
膝	屈伸	俯卧，侧卧或坐在椅子边缘	膝关节或腓骨小头	与股骨纵轴平行	与胫骨纵轴平行
踝	背屈跖屈	仰卧，踝处于中立位	腓骨纵轴线与足外缘交叉处	与腓骨纵轴平行	与第 5 跖骨纵轴平行
	内翻外翻	俯卧，足位于床沿外	踝后方两踝中点	小腿后纵轴	轴心与足跟重点连线

续表

关节	运动	受检体位	测量计放置方法		
			轴心	固定臂	移动臂
颈部	前屈	坐或立位，在侧方测量	肩峰	平行前额面中心线	头顶与耳孔连线
	后伸	坐或立位，在侧方测量	肩峰	平行前额面中心线	头顶与耳孔连线
	左旋 右旋	坐或仰卧位，于头顶测量	头顶后方	头顶中心矢状面	鼻梁与枕骨结节的连线
	左侧屈 右侧屈	坐或立位，于后方测量	第 7 颈椎棘突	第 7 颈椎与第 5 腰椎棘突的连线	头顶中心与第 7 颈椎棘突的连线
胸腰	前屈	坐位或立位	第 5 腰椎棘突	通过第 5 腰椎的垂线	第 7 颈椎与第 5 腰椎棘突连线
	后伸	坐位或立位	第 5 腰椎棘突	通过第 5 腰椎的垂线	第 7 颈椎与第 5 腰椎棘突连线
	左旋 右旋	坐位，臀部固定	头顶部重点	双侧髂棘上缘连线的平行线	双侧肩峰连线的平行线
	左侧屈 右侧屈	坐位或立位	第 5 腰椎棘突	两侧髂嵴连线中点的垂线	第 7 颈椎与第 5 腰椎棘突连线

2. 坐位体前屈测试

测量受试者在静止状态下的躯干、腰、髋等关节可能达到的活动幅度，主要反映这些部位关节、韧带和肌肉的伸展性、弹性和身体柔韧素质的水平。

测试仪器：电子坐位体前屈计。

测试方法：测试人员打开电源开关。将游标推到导轨近端，当显示屏上显示出“-20.0 厘米”或以下数值时，表明坐位体前屈计进入工作状态。

受试者面向仪器，坐在垫子上，双腿向前伸直；脚跟并拢，蹬在测试仪的挡板上，脚尖自然分开。测试人员调整导轨高度使受试者脚尖平齐游标下缘。测试时，受试者双手并拢，掌心向下平伸，膝关节伸直，上体前屈，用双手中指指尖推动游标平滑前进，直到不能推动为止。此时，显示屏上显示的数值即为测试值。测试 2 次，测试人员记录最大值，以厘米为单位，精确到小数点后 1 位。

3. 转肩握距测试

测量肩关节周围肌肉韧带的柔韧性。测试方法：受试对象两手握一根 1.5 米长（标有长度单位）的圆棍，两臂在胸前充分伸直，然后一手固定，另一手向外滑行至双臂能同时直臂将棍转过头部，两臂伸展放至背后，最后在直臂同时将棍向前转至开始位置，记下两手内侧的内侧缘之间的距离，握距越小说明肩关节的柔韧性越好。

4. 俯卧背伸测试

测量受试者脊柱的伸展性。测试方法：受试者俯卧于垫上，两手贴在脑后，两腿伸直，两脚分开约 45 厘米。由同伴帮助固定受试者下肢，然后受试者尽力仰体抬头，测试人员用直尺测量受试者下颌至地面的垂直距离，距离越长，伸展性越好。

（二）脊柱运动能力

测试仪器：脊柱形态测量仪（Spinal mouse）。

测试方法：测试前，对受试者讲授正确的测试方法和测试动作、解答受试者所提出的问题，以取得受试者的配合。测试时，受试者脱去上衣，脊柱完全暴露，对受试者脊椎的每个棘突点用记号笔标注，其后受试者按规定动作站好，测试者手持脊柱形态测量仪从受试者的第 1 个胸椎（TH1）棘突缓慢划过各脊椎棘突直至第 5 腰椎（L5）棘突。

测试时姿势分别为：直立姿势、前屈姿势和负重姿势。测试结果经计算机可直接导出脊柱姿势、柔韧性和稳定性状况。

直立姿势（Upright，U）：直立姿势是人体自然站立姿势，用于评估脊柱的基本形态。测量时身体放松，目视前方，双手自然放于身体的两侧，两脚约与肩同宽，人体重心于两脚之间。

前屈姿势（Flexion，F）：测试时，受试者两腿直立，双脚开立约与肩宽，身体前屈，两手尽可能下伸，身体重心在两脚之间，保持 10 秒钟后进行测试。前屈姿势测试主要反映人体柔韧性，同时也从侧面反映脊柱的柔韧性。

负重姿势（Mattinass，M）：测试者两腿直立，双脚同肩宽，双眼平视前方，双手前平举杠铃片约与肩高（杠铃片的重量与受试者的体重相关），重心位于两脚之间。该姿势保持 30 秒之后进行测试。负重姿势测试主要反映脊柱稳定性。

（三）身体活动能量消耗

测试仪器：Actigraph（GT3X 型）加速度计。

测试方法：受试者在运动期间按照要求佩戴 Actigraph（GT3X 型）加速度计，测试时统一将 GT3X 佩戴在右侧髋部、肚脐水平高度。Actigraph（GT3X 型）可以测定三轴上的 +/ -6g 加速度变化，感受到的频率范围是 0.25 ~ 2.5Hz，用于记录人体活动，排除干扰信号。本研究中设定采样频率为 100Hz，这也是该加速度计所能达到的最大采样频率。为了更好记录短时间高强度身体活动，设定采样时间间隔为 1s。测试结束后通过 Actilife V5.6.1 软件处理，计算出运动过程中的步数、运动能量消耗、强度水平、代谢当量（METs 即梅脱）等指标结果。

（四）平衡能力测试：闭眼单脚站立

测试仪器：电子闭眼单脚站立测试仪。

测试方法：测试人员打开电源开关，按“按键”后，显示屏上出现闪烁信号，蜂鸣器发出声响，表明测试仪进入工作状态。受试者双脚依次踏上测试板，其中习惯支撑脚站在中间踏板上，另一只脚站在周边踏板上，显示屏上显示“0”，同时蜂鸣器发出声响，受试者闭眼，抬起周边踏板上脚的同时，蜂鸣器停止发声，测试仪开始计时。当受试者的支撑脚移动或抬起脚着地时，蜂鸣器发出声响，表明测试结束，显示屏上显示测试值。测试 2 次，测试人员记录最好成绩。记录以秒为单位，不计小数。

（五）下肢力量测试：纵跳测试

测试仪器：电子纵跳计。

测试方法：测试人员打开电源开关，按“按键”后，显示屏上出现闪烁信号，蜂鸣器发出声响，表明纵跳计进入工作状态。受试者踏上纵跳板，双足自然分开，呈直立姿势，准备测试。当看到显示屏上显示出“0.0”时，开始测试。受试者屈膝半蹲，双臂尽力后摆，然后向前上方快速摆臂，双腿同时发力，尽力垂直向上跳起。当受试者落回纵跳板后，显示屏显示出测试值。测试2次，测试人员记录最大值。以厘米为单位，精确到小数点后1位。

（六）健康体适能测试

1. 身体成分分析

测试前，详细询问受试者是否装有心脏支架或起搏器者。确认完毕后，在受试者的检测登记卡上签字。提示受试者脱去双脚的鞋子和袜子，测试时不要携带金属物品及有磁性的物品（如钥匙、手机、磁卡等）。测试时，受试者双脚分别踩在仪器底部的电极片上，仪器会先进行体重的称量，当仪器提示双手拿起手柄的图示时，请受试者用双手握住仪器的手柄，并让受试者的拇指向前伸，测试时受试者的手臂不能靠近身体，仪器测试完成后系统会提示“数据保存成功”，受试者离开仪器穿好衣物并拿好物品。

2. 骨密度

测试前，详细询问受试者足跟部是否有炎症、创口或是否对酒精过敏。确认完毕，请受试者坐好后，脱掉测量脚鞋袜，并将裤腿挽起至膝盖位置，露出小腿。测量开始前先向受试者脚跟两侧及薄膜上喷洒足够的酒精，然后立即进行测试以避免酒精蒸发。把脚跟放置在未冲水的薄膜之间，确保将脚平放，并紧靠踏板的底部。整个脚部要放置在踏板居中位置，根据脚的尺寸调整脚趾固定栓。将足跟、膝关节、肩关节保持在同一直线上，小腿轻微靠在支撑架上不要重压。测量过程中，提示受试者脚部不能移动，避免移动延长测量时间。

3. 心肺功能测试

测试前，引导受试者到功率自行车旁边，根据受试者体型特征，适当调节坐垫高度，测试开始前把心率夹夹在受试者的耳垂上，同时把固定夹夹在衣领上。最后询问受试者是否可以开始。测试开始时，监测员可以引导受试者跟着节拍蹬自行车，直到受试者可以自己控制节拍。测试开始后，检测员应注意功率车每分钟的转速不要超过 58 ~62rpm。测试 3 分钟后检测员记录受试者测定的心率。第一次测试结束后让受试者离开功率车休息 3 分钟，再进行第二次测试。第二次测试与第一次测试的方法相同。将 3 分钟等待时间拿捏准确，受试者在等待时间中，监测员应提醒其不要随意走动。检测过程中，监测员要细心观察受试者情况，如有不良状况，应及时停止检测。

4. 亚健康

测试前，仔细观察受试者左手手掌是否有发干或出汗情况，如出汗过多则需要稍做擦拭，手掌较干则可以涂抹专用湿润剂。请受试者将戒指等环状物或者石膏类物体摘下。倒出少许耦合剂于受试者左手，提示受试者将耦合剂涂匀左手手面。请受试者将左手放在检测设备上，提示受试者要将手掌模型的按钮完全覆盖，并帮助受试者调整到最佳位置，保证受试者的手掌与测量电极有最佳接触。

（七）心率监测

测试仪器：芬兰 Polar Team2。

测试方法：在受试者熟练掌握骨关节操动作后，安排专门时间采集心率数据，按照实验干预设计，连续跳 4 遍骨关节活力操，过程中全程佩戴心率表胸带，记录在锻炼整个过程中的心率变化。

第三节　研究结果

一、骨关节活力操对关节活动度的影响

柔韧性是指生物体和非生物体在力作用下可延续的性能。运动解剖学把柔韧

性解释为关节运动幅度，通常以关节活动的角度表示。体育运动中所说的柔韧性是指人体某个关节或数个关节联合运动的动作幅度，例如躯干前屈的柔韧性就是脊柱（特别腰段）的运动幅度和髋关节的运动幅度的总和。所以有时将机体中那些最主要的关节活动能力视为一般柔韧性。专门柔韧性是指专项运动所需要的特殊柔韧素质。如男子体操练习者为完成吊环动作所需要的特殊的肩、肘关节的柔韧性等。专门柔韧性的掌握是提高专项运动技术不可缺少的重要条件。

柔韧素质的好坏，主要取决于以下几方面：（1）关节的骨结构；（2）关节周围软组织的体积以及韧带、肌腱、肌肉、皮肤的伸展性；（3）肌肉力量。通过体育锻炼能提高关节的灵活性，改善关节周围组织的功能以及肌肉、韧带、肌腱的伸展性。柔韧素质的提高，对增强身体的适应能力，更好地发挥力量、速度、灵敏等素质，提高技能和技术，防止运动损伤，都有积极的作用。对人们日常生活、劳动、体育锻炼都有重要意义。

关节、肌肉的改变均可引起柔韧性下降，除伤病引起的功能障碍之外，柔韧性下降的主要原因有两个，即年龄因素和缺乏运动。（1）年龄因素：随着年龄的老化，由于摄入、吸收、代谢等方面的障碍，钙在体内的分布发生改变。本来应当有钙的部位沉积减少，不该有钙的部位沉积增加，于是在出现骨质疏松的同时，又形成骨赘，影响了关节的活动；再加上关节周围的软组织也会出现老化，肌肉弹性下降等，使全关节活动幅度（FROM）减小，柔韧性素质下降。（2）缺乏运动：缺乏运动包括长期不参加健身活动、关节长期不在 FROM 内活动，以及由于伤病使关节被长期制动、长期卧床休息等。最终引起关节结构和周围软组织产生一系列改变，导致关节活动幅度下降。长期制动对关节的影响表现为；关节囊和韧带组织缺乏被动牵伸，可逐渐缩短，引起关节活动受限。制动使关节周围疏松结缔组织中的胶原纤维因胶原分子横链增加，或新纤维形成而互相粘连，致使伸展性受限，引起关节挛缩。关节滑膜纤维组织、脂肪组织增生，软骨表面有血管翳增生，可侵蚀软骨，形成关节内粘连。制动妨碍关节滑液的分泌和流转，关节面软骨缺乏挤压，可引起软骨营养障碍及萎缩。受压处软骨出现坏死、脱落，形成溃疡。制动还可使滑液干涸，滑囊闭合、粘连，甚至消失，从而造成关节周围粘连。年龄是使柔韧性下降的一个原因，但有些经常锻炼的老年人，仍然保持着很好的柔韧性，说明缺乏锻炼是柔韧性下降的另一个重要原因。

预防柔韧性下降的基本措施是尽可能保持关节 FROM 的运动，而骨关节活动操在设计之初，就特地增加了全关节活动的动作，属于关节 FROM 运动。

（一）骨关节活力操对肩关节活动度的影响

从表4－2可以看出，骨关节活力操运动对肩关节的活动度有积极作用。肩关节“伸展”和“内收”在实验前后的差异具有统计学显著性意义，说明骨关节操对肩关节的伸展和内收的活动度具有显著的作用。骨关节活力操中有很多活动肩关节的动作，对肩关节的柔韧性，尤其是日常生活中使用度较少的活动范围，具有非常良好的锻炼作用。

表4－2　骨关节活力操对肩关节活动度的影响

		屈曲	伸展	外展	内收	外旋	内旋
男	实验前	170.32 ±6.21	40.11 ±1.17	180.00	31.89 ±1.01	40.73 ±1.94	75.39 ±4.35
	实验后	170.45 ±5.33	42.54 ±1.46	180.00	33.21 ±0.94	41.68 ±1.67	76.33 ±5.32
女	实验前	173.84 ±4.53	41.35 ±1.26	180.00	35.39 ±1.43	40.64 ±0.86	83.21 ±2.59
	实验后	173.93 ±4.35	43.16 ±1.74	180.00	36.12 ±1.28	41.54 ±0.95	84.57 ±1.52

（二）骨关节活力操对髋关节的活动度的影响

从表4－3可以看出，骨关节活力操对髋关节的活动度有一定的积极意义，但屈曲、伸展和内收在实验前后的差异并没有显著性意义。但两组受试者髋关节外展的活动度通过骨关节操得到很大的提高。原因可能是骨关节操的协调关节这一节有专门的髋关节外展功能锻炼，对于打开髋关节起着重要的作用。

表 4－3　骨关节活力操对髋关节的活动度的影响

		屈曲	伸展	外展	内收
男	实验前	118. 07 ±9. 01	34. 07 ±3. 51	35. 13 ±5. 91	23. 93 ±3. 48
	实验后	118. 87 ±9. 32	34. 80 ±4. 49	37. 40 ±4. 81	24. 27 ±3. 59
女	实验前	126. 44 ±8. 69	37. 89 ±4. 48	37. 50 ±5. 93	25. 88 ±3. 82
	实验后	127. 11 ±9. 22	38. 72 ±4. 05	39. 89 ±5. 11	25. 94 ±2. 97

（三）骨关节活力操对肘、膝、踝关节的活动度的影响

从表 4－4 可以看出，3 个月的骨关节活力操锻炼对肘、膝、踝关节的活动度并没有产生有显著性差异的积极影响。结合解剖学的特点来看，实验结果在合理变化范围之内，受试者本身肘、膝、踝关节的活动度较好，所以短时间练习对其影响不大，活动度不会有明显变化。

表 4－4　骨关节活力操对肘、膝、踝关节的活动度的影响

		肘关节	膝关节	踝关节	
		屈曲	屈曲	背曲	跖屈
男	实验前	138. 73 ±3. 10	135. 86 ±4. 45	23. 01 ±2. 52	45. 26 ±3. 48
	实验后	139. 11 ±2. 94	135. 93 ±3. 25	23. 12 ±2. 64	45. 86 ±3. 77
女	实验前	144. 11 ±3. 77	138. 06 ±3. 02	24. 16 ±2. 61	46. 83 ±3. 07
	实验后	144. 52 ±2. 73	138. 38 ±2. 30	24. 10 ±2. 48	47. 12 ±3. 31

（四）骨关节活力操锻炼对转肩握距、俯卧背伸、坐位体前屈的影响

转肩握距、俯卧背伸、坐位体前屈都是反映关节活动度的间接指标。从表 4－5 可以看出，经过骨关节活力操锻炼，转肩握距明显改善，并且提高幅度非常大；俯卧背伸和坐位体前屈也有一定程度的提高。转肩握距实验主要反映受试者肩关节的柔韧性和活动范围。该指数越小，说明肩带柔韧性越好，骨关节活力操有很

多动作是围绕肩关节做运动，充分地锻炼了肩关节韧带的弹性和协调性，使肩关节获得更大的生理活动幅度，同时锻炼了肩部的三角肌以及背部的肩胛提肌，去除了肌肉中多余的脂肪组织，使得肌肉的体积减小，增大了肩关节关节活动度。俯卧背伸主要是反映受试者颈和脊柱的伸展性、灵活性；坐位体前屈主要反应躯干、腰、髋等关节可能达到的活动幅度。骨关节活力操专门有髋关节的活动能刺激髋关节，改善局部血液循环，提高髋关节柔韧性，此外，骨关节操大幅度的运动有利于消除腹部脂肪，还可以牵拉和放腰部肌肉、锻炼脊柱，对于坐位体前屈的功能起到一定的效果。

表4－5　骨关节活力操锻炼对转肩握距、俯卧背伸、坐位体前屈的影响

		转肩握距	俯卧背伸	坐位体前屈
男	实验前	91.46±8.28	32.13±5.09	－0.2±3.43
	实验后	82.53±7.63	34.74±5.40	1.25±2.58
女	实验前	76.56±7.74	38.75±4.76	8.78±5.59
	实验后	71.80±5.43	40.95±4.42	9.72±4.20

综上可以看出，经过3个月的骨关节活力操锻炼后，对肩关节、髋关节的活动度有明显的改善作用；对反映肩关节综合柔韧性的转肩握距提高幅度非常大；对反映颈和脊柱的伸展性的俯卧背伸也有改善效果；但对肘、膝、踝关节的活动度并没有产生明显的提高作用。可以肯定的是，骨关节活力操从动作上安排了相当数量的柔韧练习动作，对部分关节虽然没有产生明显的提高，但对于保持关节活动度，对抗因年龄和活动减少带来的关节活动度下降，有非常良好的效果。

骨关节操以运动生理学、运动医学、运动训练学等人体运动科学为基础，按照骨关节的生理生长和自我机能调节规律，将骨关节的激活与强健动作进行整合编排，从而有效地给予骨关节适当的生理刺激，促进骨关节的润滑作用，增进骨关节的支撑活动能力。操中融入了日常生活的身体功能训练，降低静坐少动以及不良身体姿势带来的身体隐性损害，起到预防骨关节疾病的作用。

二、骨关节活力操对体质的影响

（一）体质的概念和内涵

1. 体质的定义

体质（Fitness）是人体的质量，它是在遗传性和获得性的基础上表现出来的人体形态结构、生理功能和心理因素的综合的、相对稳定的特征。体质表达了机体有效与高效执行自身机能的能力，也是机体适应环境的一种能力。

2. 体质的内涵

体质学是建立在解剖学、生理学、生物化学、医学、心理学、社会学等学科基础理论之上的一门综合性应用学科。体质是构成人体各要素能力的一种综合体现。体质的研究在承认遗传因素对机体作用的同时，更强调后天塑造的重要性，并且注重人体身心两个方面的密切联系。体质由机体的基本生活能力、身体形态、身体机能、身体素质和心理状态的发展水平决定。

强壮的体质是人类生命活动的物质基础，体质既反映人体生命活动的水平，也反映人体身体运动的水平。体质良好的人才能实现真正意义上的健康，它的含义包括与健康有关的一切功能正常以及有足够的体力和活力轻松地完成工作，有闲暇愉快的进行休闲并能应付不可预测的紧急情况。体质的评价具体为以下 5 个方面。

（1）身体形态发育水平，即体格、体型、姿势、营养状况及身体组成成分等。

（2）生理生化功能水平，即机体的新陈代谢功能及各系统、器官的工作效能等。

（3）身体素质和运动能力水平，即身体在运动中表现出来的力量、速度、耐力、灵敏性、柔韧性等身体素质及走、跑、跳、投、攀爬等身体运动能力等。

（4）心理发展状态，包括本体感知能力、个体意志力、判断力等。

（5）适应能力，即对外界环境条件的适应能力，包括抗寒、抗热能力和对疾病的抵抗力等。

（二）骨关节活力操对体质的影响

1. 骨关节活力操对身体素质指标的影响

身体素质是人体在运动、劳动和日常活动中，在中枢神经调节下，各器官系统功能的综合表现，如力量、耐力、速度、灵敏等机体能力。身体素质的强弱，是衡量一个人体质状况的重要标志之一。身体素质的发展，对增强人的体质和健康有重要意义。

（1）骨关节活力操锻炼对力量素质的影响

握力主要是测试上肢肌肉群的发达程度，测试受试者前臂和手部肌肉力量，反映人体上肢力量的发展水平的一种指标，可以看出骨关节活力操锻炼对握力并没有显著性改善。纵跳是人体在中枢神经系统的控制下，依靠身体各环节的协调配合，发挥下肢肌群最大爆发力，以达到最佳纵向跳跃效果的动作，主要反映下肢爆发力，从表 4 -6 可以看到，经过 3 个月的骨关节活力操的锻炼，纵跳的成绩有显著的提高，可能是在整个骨关节操锻炼过程中，下肢始终保持用力状态，第七节强壮关节操还有专门针对下肢弹跳力的锻炼，因此效果较为明显。俯卧撑（男）反映人体上肢、肩背部肌肉及持续工作的能力，仰卧起坐（女）主要反映人体腹部肌肉的力量及持续工作能力，它们和人体的整体力量素质有着较高的关联度，是反映男/女力量素质最经典的指标，经过骨关节活力操的锻炼俯卧撑（男）/仰卧起坐（女）有了一定程度的提高。因此，骨关节活力操锻炼对力量素质有着积极影响，可以作为力量练习的一种辅助手段。

表 4 -6　骨关节活力操锻炼对力量素质的影响

		握力	纵跳	俯卧撑（男）/仰卧起坐（女）
男	实验前	44.74 ±8.99	36.41 ±7.44	23.27 ±5.57
	实验后	44.70 ±9.90	39.39 ±6.60	24.21 ±5.28
女	实验前	28.21 ±5.95	26.80 ±5.77	24.67 ±5.03
	实验后	28.24 ±5.71	27.61 ±4.09	25.59 ±4.59

（2）骨关节活力操锻炼对灵敏、平衡素质的影响

选择反应时指的是测试时呈现两种或两种以上的刺激，要求被试对每一种刺激做出相应的不同反应所需的时间，反映人体神经与肌肉系统的协调性和快速反应能力，从表4－7中可以看出实验前后，选择反应时无显著性差异，骨关节活力操对选择反应时没有改善作用。

闭眼单脚站立是通过测量人体在没有任何可视参照物的情况下，仅依靠大脑前庭器官的平衡感受器来维持身体重心在单脚支撑面上的时间，以反映平衡能力的强弱。经过干预，实验前后闭眼单脚站时间出现显著性提高。骨关节活力操是一种身体及意识协调控制的锻炼形式，配合呼吸，可以改善全身肌肉的协调运动能力，增强下肢肌肉力量，提高肌肉本体感觉和关节深感觉，同时使关节周围的韧带得到充分发展，从各个方面提高人体的平衡功能。

表4－7　骨关节活力操锻炼对灵敏、平衡素质的影响

		选择反应时	闭眼单脚站
男	实验前	0.43±0.11	45.16±8.77
	实验后	0.43±0.10	48.00±7.48
女	实验前	0.51±0.06	67.00±7.30
	实验后	0.50±0.07	69.11±7.13

（3）骨关节活力操锻炼对身体机能的影响

肺活量是指在不限时间的情况下，一次最大吸气后再尽最大能力所呼出的气体量，这代表肺一次最大的机能活动量，是反映人体肺的容积和扩张能力的重要机能指标。从表4－8可以看出，骨关节活力操对肺活量有一定的改善作用，骨关节活力操动作姿势大气、阳光、有活力，配合节奏轻快的音乐，充分使练习者在轻松愉悦的状态下达到良好的锻炼效果，增强其肺部功能。

台阶指数是通过左右腿轮换在台阶上下走踏以测试心肺功能适应水平而获得的指数，反映人体心血管系统机能状况的重要指数。台阶试验指数值越大，则反映心血管系统的机能水平越高。从表4－8可以看出，通过骨关节活力操锻炼，台

阶指数有显著性的提高，骨关节活力操节奏明快，动作幅度较大，有一定的运动强度，可以明显增强心肺机能。

表 4－8 骨关节活力操锻炼对身体机能的影响

		肺活量	台阶指数
男	实验前	4769.80 ±595.63	54.70 ±7.63
	实验后	4859.33 ±594.59	58.17 ±8.09
女	实验前	3296.17 ±514.56	54.54 ±10.43
	实验后	3328.89 ±394.71	58.98 ±12.55

2. 骨关节活力操对身体成分的影响

身体成分是指体内各种成分的含量（肌肉、骨骼、脂肪、水和矿物质等），常用体内各种物质的组成和比例表示，所以，身体成分是反映人体内部结构比例特征的指标。失衡的身体成分将为各种慢性病埋下健康隐患，如肥胖人群患高血压、糖尿病、脂肪肝、痛风等慢性病的比例会明显增加。

身体成分水平是促进运动机能和身体机能的物资保障，所以身体成分的含量和比例直接影响着体质健康水平，良好的身体成分水平是健康身体的重要标志。从表 4－9 可以看出，经过 3 个月的骨关节活力操锻炼，男、女组的体重均出现明显的下降，差异具有显著性意义，且两组肌肉量并没有降低，还出现一定程度的增长，体脂率出现下降，尤其是男子组体脂率明显下降，说明关节活力操锻炼对身体成分具有正向的积极改善作用。

表 4－9 骨关节活力操对身体成分的影响

		体重	体脂率%	肌肉量
男	实验前	80.78 ±10.50	24.21 ±5.03	56.88 ±6.00
	实验后	79.08 ±9.94	21.69 ±4.98	57.26 ±5.77
女	实验前	59.34 ±6.51	29.97 ±4.86	38.44 ±2.62
	实验后	57.94 ±6.48	28.06 ±5.39	38.44 ±2.75

骨关节活力操以运动生理学、运动医学、运动训练学等人体运动科学为基础，按照骨关节的生理生长和自我机能调节规律，编排的一类有氧健身操，姿势舒展大方，动作规整有力，操中还融入了日常生活的身体功能训练，是一项锻炼全面的运动。属于中等强度运动，实验每周安排3次，每次40分钟，练习前先进行10分钟准备活动，每次练习4遍骨关节活力操，最后进行10分钟整理活动，运动过程中受试者心率完全可以达到中等运动强度，起到消耗能量、改善身体成分的作用。

综上所述，骨关节活力操作为一项锻炼全面的有氧健身操，对力量素质、平衡素质、身体机能以及身体成分等体质状况都有很好的锻炼效果。

（三）运动健身对体质的促进作用

健康是人类永恒的主题，人们已经公认，运动是健康促进的最有效手段之一。为此，中国政府提出了《全民健身计划纲要》，美国政府也颁布了《美国国民健康计划》，还有加拿大的《健康加拿大》计划，新加坡的《生命在于运动计划》，日本的《21世纪健康日本》等。这些国家不仅重视健康的促进，更着重于强调改善生活方式，倡导持续性的运动健身对人类健康的重要意义。

运动健身对于人体生理机能的改善有良好的影响，运动会使肌肉群产生更多的收缩，消耗更多的葡萄糖和脂肪酸，有利于新陈代谢的加强和改善。比如，运动健身对人体机能最显著的作用是提高心肺和呼吸系统机能。经常参加运动的人，可使心肌纤维增粗，心肌收缩力增强，心脏的冠状动脉血管管壁弹性增加，血管畅通，从而使心脏的供血得到改善，使心脏功能增强。这样可预防或推迟心血管疾病，如动脉硬化、高血压、冠心病等疾病的发生。此外，运动可改善呼吸系统功能。经常运动的人，呼吸肌强壮有力，吸气时胸廓能充分扩张，使更多的肺泡张开而吸入更多的氧气，呼气时胸廓充分压缩，排出更多的二氧化碳和废气，保持血氧含量充足，有效地改善呼吸循环系统的功能。

科学的运动健身对运动系统机能的提高有直接的作用，运动时血液循环加速，使肌肉获得更多的营养，因此肌纤维变粗，体积增大，弹性增强，整个肌肉变得更发达，活动能力和耐力相应增强。经常运动会改善骨骼的血液循环和代谢，使骨骼外层的密质增厚，骨质更加坚固，延缓骨质疏松和脱钙等老化过程，使骨骼抗折断、弯曲、扭转的能力得到加强，从而提高运动系统的功能。

运动健身对神经系统功能的改善也有促进作用。如运动时中枢神经系统指挥各部分肌肉协调的收缩，使身体各个器官互相联系更加密切，神经传导速度得以改善，表现出比不锻炼者身体更加灵活的特点，动作更加敏捷、协调。运动还能使皮肤血液循环加强，提高毛孔、汗腺、皮脂腺等对冷热刺激的适应能力，增强人体的防御能力和免疫力，对人体的调节、适应能力有积极的促进作用。

健康的含义是广泛的，它包括身体的、精神的、社会的以及环境适应等诸方面的因素，体育锻炼对于躯体、心理的良好双重作用，使之成为健康促进的最重要手段。著名的生理学家库珀曾经指出：有氧代谢运动可以逆转精神紧张、抑郁症等恶性症状，使自信心增强，焦虑和压抑等情绪障碍得以缓解。美国学者指出，跑步能使人体释放一种称为“β－内啡肽”的脑化学物质，它不仅能够改善中枢神经系统的调节能力，还能提高机体对有害刺激的耐受力。“内啡肽”是缓解精神紧张的生理镇静剂。精神病专家基于运动使人体内“内啡肽”保持较高水平的作用，推荐将有氧运动作为精神性疾病的治疗方法之一。运动的确可有使神经系统的紧张状态得到缓和，提高大脑的工作效率。因此，人们在运动后普遍会感到身心舒畅、轻快，长期坚持适宜的运动，能保持饱满的精神状态和自信心，情绪稳定而充满活力，这种良好的心理状态对生理机能有着重要的作用。

总之，运动健身可有效地提高人体身体机能，抵抗疾病，改善人们的健康状况。骨关节活力操是国家体育总局体科所最新研制出的、有健身意义的、针对性强、实用性好、科学、有效、安全的健身方法，是大众人群可以普遍选择的科学健身项目，不仅可以改善体质、促进健康，还可以预防某些慢性疾病，提高生存质量。

三、骨关节活力操心率变化规律的研究

心率（Heart Rate）是用来描述心动周期的专业术语，是指心脏每分钟跳动的次数，以第一声音为准。用心率来评价运动强度是最简便易行的方法，随着运动强度的增加，心率也升高，心率与运动强度之间基本上是呈线性相关。目前，用心率这个指标来评定运动强度在国内外被广泛采用。

（一）骨关节活力操锻炼过程中心率变化趋势

根据每名受试者在完成4遍骨关节活力操记录的心率数值，以做操的时间为横坐标，以受试者心率的平均值为纵坐标，绘制骨关节活力操锻炼过程中心率变化曲线图。

从图4－1可以看出，骨关节活力操受试者在锻炼过程中，心率出现了4次阶梯式上升，每次的最高心率大约出现在骨关节操的第7节。这种心率的增长方式：心率不像剧烈运动中的直线上升，而是有轻微下降的阶梯式增长。对心脏的负荷和刺激不是特别强烈，对于普通大众健身来说尤为适宜，既能保证安全性，又能保证锻炼效果。

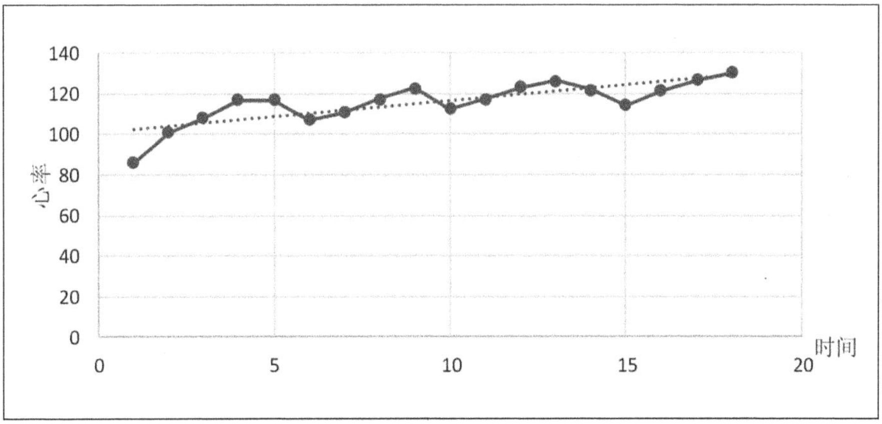

图4－1　骨关节活力操锻炼过程中心率变化趋势

运动时心率随机体代谢水平提高而加快，心率变化主要决定于运动强度和持续时间。运动中心率是指当开始运动时，心率有一个迅速增快的阶段，这主要是通过神经反射机制实现的。首先是由于抑制了迷走神经的紧张性，使交感神经紧张性加强，同时运动中大量的来自活动肌肉和关节中本体感受器的向心冲动和机械感受性反射，以及其他外周神经的向心冲动，使心率反射性加快。另外，交感肾上腺系统使心搏加速，血流的重新分配和循环血量的增加又引起回心血量增加，使心房压力感受性反射增强，同时也牵拉窦房结使心率进一步加快。运动中体温升高使血流速度加快等也使心率增加。如果是中等强度或次极限强度运动，心率将维持在与运动强度相适应的水平上，如果是极限强度运动，由于无氧代谢产生较多乳酸和其他代谢产物刺激了颈动脉体和主动脉体的化学感受器，将进一步引起心率增加。据报道，运动开始 15 秒钟内心率增加已达总增加数的一半，然后逐渐增加达较高值，维持恒定状态，如强度很大也可再次增加。在一定时间内，尤其达稳定状态时，心率与工作强度呈正比关系，虽有个体差异，但在一定限度内成立。

中等强度、大强度运动后，心率迅速下降，然后稳定在一定水平，接着再缓慢的第二次下降，有时可降至安静时心率以下。极限强度运动和静力性运动后即刻，心率增快到最高值，然后再逐渐下降。运动后心率恢复至正常值的时间依运动强度、机体机能状态而不同。机体机能状态越好，心率恢复越快。

（二）骨关节活力操运动负荷探讨

心率是每分钟心脏搏动的次数。运动中心率随代谢需要而增加，在一定范围内可反映运动强度和机体的代谢水平。在运动中常用心率控制有氧运动的强度和间歇训练的间歇时间，评定训练内容的生理负荷量、运动员的训练强度、机能状态及心储备功能等。

根据资料，运用心率安排运动负荷强度可被划分为四个区段（表 4 – 10）。通过目标心率运动者可根据自己的意愿选择相应的运动强度，进而有效地控制运动过程中的心率变化，从而达到预定的锻炼目的，每一区域代表一定的活动强度等级及活动目的。（最大心率 = 220 – 年龄）。

表 4 – 10　运用心率安排运动负荷强度可被划分为四个区段

分区	占最大心率百分比%	效果
第一区 非常轻区	50 ~ 60	难于有效提高身体机能。
第二区 健康运动区	60 ~ 70	保持心血管、呼吸能力和肌肉能力。
第三区 有氧运动区	70 ~ 85	增进心血管和呼吸能力，有效提高有氧能力。
第四区 改善成绩运动区	85 ~ 100	增强肌肉和无氧能力。

另外，《中国居民膳食指南》中指出运动强度与最大心率的关系为：低强度相当于最大心率的40%～60%，中等强度相当于最大心率的60%～70%，高强度相当于最大心率的70%～85%，极高强度相当于最大心率的85%以上。有氧运动最佳心率区间在120～150次/分，运动时心率在此范围内波动运动效果最明显。

骨关节活力操实验过程中，我们发现受试者心率在最大心率60%～80%区间的时间大约为50%，整个4遍关节操的锻炼过程中处于健康有氧运动区的时间约为10分钟。对改善健康来说，运动负荷稍低，因此建议适当延长锻炼遍数和时间或者结合其他有氧锻炼项目。

四、骨关节活力操的能量消耗研究

人体的能量消耗影响因素包括基础代谢、体力活动和精神心理等方面。基础代谢是指维持生命的最低能量消耗，即人体在安静和恒温条件下（18℃～25℃）。禁食12小时后，静卧、放松而又清醒时的能量消耗。此时能量仅用于维持体温和呼吸、血液循环及其他器官的生理需要。人类的体力活动种类很多，营养学上，根据能量消耗水平，即活动的强度分为轻、中、重三个级别。体力活动能量消耗与三个因素有关：肌肉越发达者，活动时消耗能量越多；体重越重者，做相同时间运动所消耗的能量也越多；活动时间越长、强度越大，消耗能量越多。心理因素和精神状态也会对人体的能量消耗有一定的影响。

从表4－11可以看出，1遍骨关节活力操男性相对能量消耗为0.194±0.046，梅脱值为2.77±0.28，女性相对能量消耗为0.117±0.051，梅脱值为1.87±0.23；连续做4遍骨关节活力操男性相对能量消耗为1.16±0.11，梅脱值为3.82±0.35，女性相对能量消耗为0.76±0.13，梅脱值为2.63±0.49。

表4－11 骨关节活力操能量消耗和梅脱值

		第1遍骨关节活力操	连续4遍骨关节活力操
男	绝对能量消耗（kcals）	13.86±2.40	83.25±14.64
	相对能量消耗（kcals/kg）	0.194±0.046	1.16±0.11
	MET	2.77±0.28	3.82±0.35
女	绝对能量消耗（kcals）	8.74±1.69	57.06±13.90
	相对能量消耗（kcals/kg）	0.117±0.051	0.76±0.13
	MET	1.87±0.23	2.63±0.49

五、骨关节活力操与第九套广播体操的比较

（一）产生背景

广播体操作为国家向广大群众积极推广的健身操，自诞生之日起，经过一次次革新，现在已经是第九套广播体操了，结合现代元素，尽可能符合当代人们的健身需要。骨关节活力操则是侧重骨关节的协调稳定方面的健身韵律操，根据近些年最新的研究成果，刚刚起步向全社会群体进行健身推广。

（二）适合人群

骨关节活力操以运动生理学、运动医学、运动训练学等人体运动科学为基础，按照骨关节的生理生长和自我机能调节规律，将骨关节的激活与强健动作进行整合编排，从而有效地给予骨关节适当的生理刺激，促进骨关节的润滑作用，增进骨关节的支撑活动能力。节奏缓和、锻炼全面、简单易学、循序渐进，适合所有人。

第九套广播体操通过预备节，原地踏步、伸展运动、扩胸运动、踢腿运动、体侧运动、体转运动、全身运动，跳跃运动、整理运动等九节韵律操使健身者达到全身活动锻炼的运动效果。广播体操经过生理和生化的测试，科学性更强，对

心肺功能有明显的改善。动作幅度相对较大，节奏比较明快，比较适合青少年并有一定运动基础，且年龄较轻的成年人群。

（三）动作难易程度

骨关节活力操的动作简单，重复性的动作比较多，在较短的时间内掌握比较容易。广播体操的动作姿势相对较复杂一些，掌握有一定难度。

（四）动作编排顺序

广播体操从伸展运动开始一直到最后的整理运动，在活动强度上第一节要大于第八节，而骨关节活力操从唤醒关节到最后的整理关节，活动强度逐级增加，且第一节强度与最后一节强度基本相同，但关节的活动幅度第八节要大于第一节，这样的编排顺序比较符合人们一开始进入运动状态的调整。

（五）动作姿势强度

骨关节活力操在动作强度上由小逐渐增大，关节的活动幅度也逐渐增强，前面两节唤醒关节和灵动关节主要让人们可以较快进入运动状态，给身体的关节一个活动热身，第三节上润关节和第四节下滑关节一上一下相互呼应，进一步解放活动全身，为第五节稳定关节做好准备。在强度稍微大一些的第五节结束后，紧跟一节灵活协调较高的协调关节，前面运动基础打下来，到第七节强壮关节动作幅度自然打开，最后的整理关节给全身再次的整理放松，整套操的强度都不算太大，但能起到较为良好的活动关节的目的。广播体操的整套活动强度稍高一些，包括伸展运动、扩胸运动、踢腿运动、体侧运动、体转运动、全身运动、跳跃运动、整理运动八节，单从每一节的名称可以看出主要活动的身体部分，强度虽然也基本相同，但为了能够使全身的肌肉关节都能运动到，动作活动的强度要求相对高一些。

（六）活动肌肉的侧重点

骨关节活力操对于颈肩部的关节肌肉活动比较多一些，腰背部的肌肉运动强度相对小一些，以放松、稳定这部分关节肌肉为主，而且是逐节增加强度。广播体操为了照顾全身肌肉得到活动放松，腰背部肌肉活动较多，下蹲、转体的动作比较多。实现通过一套广播操达到活动全身的健身目的。

（七）现实指导意义

骨关节活力操比较切合当下人们以坐姿伏案为主的工作生活方式，加强颈肩及腰背部的放松活动，对放松关节、加强关节强度有比较好的运动效果。广播体操重在指导人群进行全身性的运动放松，侧重点不突出，旨在起到让全民一起“动起来”实现全民健身的锻炼效果。

（八）运动接受意愿

骨关节活力操提倡关节活力，锻炼重点侧重身体的骨关节，这对于现今社会中一些腰腿关节性的慢病在体育锻炼上有一定的针对性。较符合当今人们对于自己骨关节比较注意，且存在一定的骨关节疾病人群较多的社会现实。通过练习骨关节活力操能够起到一定预防和康复的作用。广播体操自诞生以来主要就是面向全社会普通群众，从现实情况来看，随着时代的变化，人们对于广播操的印象还停留在自己的学生时期，或者是进行运动会的表演项目，多少有一点年代感。从实际推广角度来看，在学校和部分国有企事业单位机关部门比较容易推广，但在普通人群中推广的接受意愿不足。

（九）运动损伤发生情况

骨关节活力操动作姿势相对简单，运动强度由小及大，主要对骨关节起到放松稳定的作用，参与活动的人群有一定的目的性，针对自己的身体情况来进行运动，发生运动意外损伤的概率相对小。广播体操面向全社会人群推广，主要是为了使全民能够“动起来”起到强身健体的健身效果，所以参与活动的人群一般主动性意愿不强。集中突击做操，动作要领掌握不够，可能会发生运动损伤。

第四节　结论和建议

骨关节活力操以运动生理学、运动医学、运动训练学等人体运动科学为基础，按照骨关节的生理生长和自我机能调节规律，将骨关节的激活与强健动作进行整合编排，从而有效地给予骨关节适当的生理刺激，促进骨关节的润滑作用，增进骨关节的支撑活动能力。

通过实验证实，骨关节活力操对肩关节、髋关节等单独关节以及联合关节的活动度和柔韧性有很好的改善和维持作用；对力量素质、身体成分、身体机能、平衡素质也有一定的积极作用，是一项十分科学、安全的综合有氧健身项目。

骨关节活力操节奏缓和，姿势舒展大方，动作规整有力，锻炼全面，简单易学，循序渐进，适合所有人，非常适宜广大健身爱好者习练。操中还融入了日常生活的身体功能训练，降低静坐少动以及不良身体姿势带来的身体隐性损害，起到预防骨关节疾病的作用。

第五章 骨关节活力操推广

骨关节活力操自创编完成后，就在2016年“科学健身 全民健康”全国运动健身科学指导系列活动中进行推广。全国运动健身科学指导系列活动从2009年由国家体育总局体育科学研究所举办，至今已有9年，此活动构建了一个政府主导、地方承办，专家参与、社会支持的科学健身指导平台，覆盖47个地市，惠及30万人，是一项有着广泛影响力的全民健身公益活动。2016年全国共有12站，首先，在北京举办了全国骨关节活力操培训班，然后，分别在12个城市进行普及推广。2017年全国共有14站，首先，在北京举办了全国骨关节活力操培训班，然后，分别在14个城市进行普及推广。两年来，推广到的城市平均有上千人学习和练习骨关节活力操，中央电视台、各城市电视台、中国体育报、各城市报纸、华奥星空网、各城市网络媒体等也都对骨关节活力操进行过相关视频及文章的报道。

一、2016年骨关节活力操的推广

（一）2016年全国骨关节活力操培训班

关于举办“舞动健康——强健关节活力操/舞”培训班的通知

各相关单位：

为了配合2016年“科学健身 全民健康”全国运动健身科学指导系列活动（以

下简称“科学指导系列活动”），成都市国民体质监测中心、宁波市社会体育指导中心等12家承办单位“舞动健康——强健关节活力操/舞”项目的展演工作，作为“科学指导系列活动”主办单位国家国民体质监测中心决定在北京举办“舞动健康——强健关节活力操/舞”培训班。现通知如下。

一、时间、地点

时间：2016年9月3日至5日（3日周六下午报到，5日周一下午离会）。地点：北京市东城区左安门内大街12号，北京西西里酒店。

二、参加人员

青岛市全民健身中心、满洲里市文化体育新闻出版广电局、太原市体育科学研究所、秦皇岛市体育局、济南市全民健身中心、宿迁市国民体质测定与健身指导中心、芜湖市体育局（镜湖区体育局）、成都市游泳运动项目管理中心、重庆市渝北区体育事业发展中心、云南省体育科学研究所、景德镇市体育科学研究所、宁波市社会体育指导中心等12家2016年“科学健身 全民健康”全国运动健身科学指导系列活动承办单位，每个承办单位派2名人员，其中男性、女性各1名，年龄不限。参加培训人员要求，具有一定的舞蹈、健美操基础。

三、培训内容

表5-1 2016年全国骨关节活力操培训内容

日期	时间	内容	地点
9月4日	09:00-12:00	“强健关节活力操”分解动作培训	国家体育总局体育科学研究所五楼会议室（地址：东城区体育馆路11号）
	14:00-15:30	“强健关节活力操”完整动作培训	
	15:30-17:30	“强健关节活力舞”分解动作培训	
9月5日	09:00-10:30	“强健关节活力舞”完整动作培训	
	10:30-12:00	“强健关节活力操”完整动作培训	

（二）2016年全国健身指导活动重庆站骨关节活力操的推广

华奥星空重庆2016年11月11日电（记者 李映雪报道）经历了青岛、满洲里、太原、秦皇岛等8站激烈的角逐，“中国力量达人赛”的选拔来到渝城，经过20余天的初选，重庆站男女组冠军尘埃落定，蒋欣和曹真将代表重庆参加于11月25日—26日在宁波举行的全国总决赛。“中国‘力’人——中国力量达人赛”是2016年“科学健身 全民健康”全国运动健身科学指导系列活动的主题活动之一，在全国12座城市进行初选，每座城市的男、女组冠军将于11月25日—26日齐聚宁波，角逐全国冠军。重庆站的力量达人选拔独具特色，经过了20余天的初赛，全区13个部门职工、21个社区的居民都积极参与到比赛当中来，共选出男女各30名选手，参加今日举行的重庆站决赛。

决赛当天同时举行了“科学健身 全民健康”全国运动健身科学指导系列活动——给力健康2016（重庆站）的启动仪式，来自渝北空港新城小学、重庆市暨华中学、两江中学、渝北体校和渝北老体协的运动达人们在启动仪式上进行了精彩的骨关节活力操、跆拳道和武术等表演，现场还进行了趣味跨栏、知识问答等互动环节。

为深入贯彻“健康中国”国家战略，推动“科学健身 全民健康”全国运动科学健身指导系列活动在渝北开展，渝北区结合正在进行的“渝北好体育人在行动”志愿服务活动，以“给力健康2016”为主题，在体质监测的基础上突出力量训练，将体育竞技、体育健康、体育趣味相结合，推出333+N模式，即3项竞赛赛事、3项体质监测、3项趣味挑战和N项健身培训项目。通过体质监测“进机关、进社区、进校园、进农村、进企业”，渝北好体育人让7000多名社区居民直接分享到了体质测试带来的科技成果。

2016年全国健身指导活动重庆站开幕式上的骨关节活力操的推广（图5-1、图5-2）。

图 5－1　2016 年全国健身指导活动重庆站开幕式上的骨关节活力操的推广

图 5－2　2016 年全国健身指导活动重庆站活动前期的骨关节活力操的推广

（三）2016 年全国健身指导活动济南站骨关节活力操的推广

2016 年 11 月 3 日记者李金霞在中国体育报第 3 版上登发了题为“科学健身给力健康——全国运动健身科学指导济南站举行”的文章。体质测试、健身讲座、力量训练体验、力量达人赛、强健关节活力操等一系列丰富多彩的健身活动在济南市全民健身中心精彩呈现。日前，由国家体育总局体育科学研究所、国家国民体质监测中心主办，济南市体育局、济南市全民健身中心承办的“科学健身全民健康”全国运动健身科学指导系列活动济南站隆重举行。

济南站启动仪式为广大群众展示了特色各异的活动内容，有时尚的韩潮爵士、强劲有力的泰拳、力量与美学结合的跆拳道，让市民充分感受到了健身的魅力。济南籍世界冠军，2016 国际泳联 10 公里马拉松游泳世界杯赛千岛湖站冠军辛鑫也亮相启动仪式现场，同济南市民亲切互动，手把手教授力量训练小技巧，为整个活动的开展营造了浓厚的氛围。由济南市全民健身中心组织的体质达人联赛已成功举办三届，它依据国民体质监测标准和国家普通人群体育锻炼标准而设立，项目科学有趣，无技术门槛，赛制紧张有挑战性，已迅速发展为济南市明星群体体育赛事。2016 年的达人赛在济南市不同区域举办 5 场分站赛，场均参赛市民超过 300 人，总参赛人数达 2000 人。体质达人赛的成功举办为力量达人赛奠定了良好的群众基础。济南站力量达人赛有近 300 人现场报名，通过讲解、示范腹桥和单腿背桥等动作，让参与者亲身体验力量练习的方式和方法，纠正误区，传授科学健身的理念和技能，也有力量达人们同场竞技，展现力量风采的精彩场面。

舞动健康——强健关节活力操（图 5－3）是本次活动另一个重点推出的项目，是由国家体育总局体育科学研究所专门创编的一套关节活力操，希望通过本套关节操的推广，帮助市民提高科学健身意识，减少静坐少动，选择健康的生活方式。

济南站活动开设了两场科学健身知识讲座。邀请来自国家国民体质监测中心的专家围绕力量素质，从生理学、运动生物力学、运动医学角度分析力量练习的重要性，传授实用的力量锻炼技巧和技能。济南站还推出了运动文化嘉年华特色活动，让市民免费体验沙狐球、气旋球、投篮机、虚拟现实运动等项目，寓健于乐，在娱乐中达到健身效果。济南站活动借助国家国民体质监测中心对微信公众号的充分开展，实现了活动报名、成绩录入、结果查询、奖品领取、知识竞答的全部电子化操作。参与者在比赛完成后，就可以在大屏幕直接看到比赛成绩和名次，实现了“互联网+”，方便快捷。

图5-3 2016年全国健身指导活动济南站活动前期的骨关节活力操的推广

(四) 2016年全国健身指导活动芜湖站骨关节活力操的推广

由国家体育总局体育科学研究所、国家国民体质监测中心主办的“科学健身全民健康”全国运动健身科学指导系列活动（芜湖赛区），于2016年11月4日、5日在镜湖区举行（图5-4），国家体育总局体育科学研究所群众体育研究中心，镜湖区政府和市、区体育局领导等出席活动并对各项目进行了现场观摩指导。活动还特别邀请了2016年巴西里约奥运会女子举重75公斤以上级冠军孟苏平等嘉宾出席。活动中，数百名芜湖市民观看了关节活力操等健身节目表演并参加力量达人赛、力量训练体验、体质测定体验、健身知识竞猜、运动健身科普展和健身讲座等一系列丰富多彩的健身活动。孟苏平也现场与市民互动，分享自己力量训练的动作和技巧。

舞动健康——强健关节活力操是本次活动另一个重点推出的项目。该项目是国家体育总局体育科学研究所专门创编的一套关节活力操，希望通过本套关节活力操的推广，提高科学健身意识，减少静坐少动，全面提高自身的身体素质，提升健康水平。

“科学健身 全民健康”全国运动健身科学指导系列活动自2009年在全国开展以来，用知识讲堂、互动体验等多种方式传播科学健身知识。八年来科学健身指导活动深入全国各地，体育作为引领健康生活方式的积极因素在促进健康、增强体质中发挥重要作用。

国民体质监测数据显示，我国国民体质出现力量素质持续下降的趋势，且国民对力量锻炼的重要性普遍认识不足。为此，今年活动以“给力健康2016”为主题，重点突出力量锻炼，特别开设了中国力量达人赛、力量训练体验区和体质测定体验区三项互动体验项目，通过讲解、示范腹桥和单腿背桥等动作，让参与者亲身体验力量练习的方式和方法，纠正误区，传授科学健身的理念和技能，倡导科学进行力量锻炼，也有力量达人们同场竞技，一决高下，展现力量风采的精彩场面。

力量训练体验、体质测定体验、健身知识竞猜、运动健身科普展和健身讲座等系列活动受到了广大市民的积极参与和广泛好评，他们纷纷表示通过参与此次活动，使他们对科学健身知识又有了新的认识和提高。

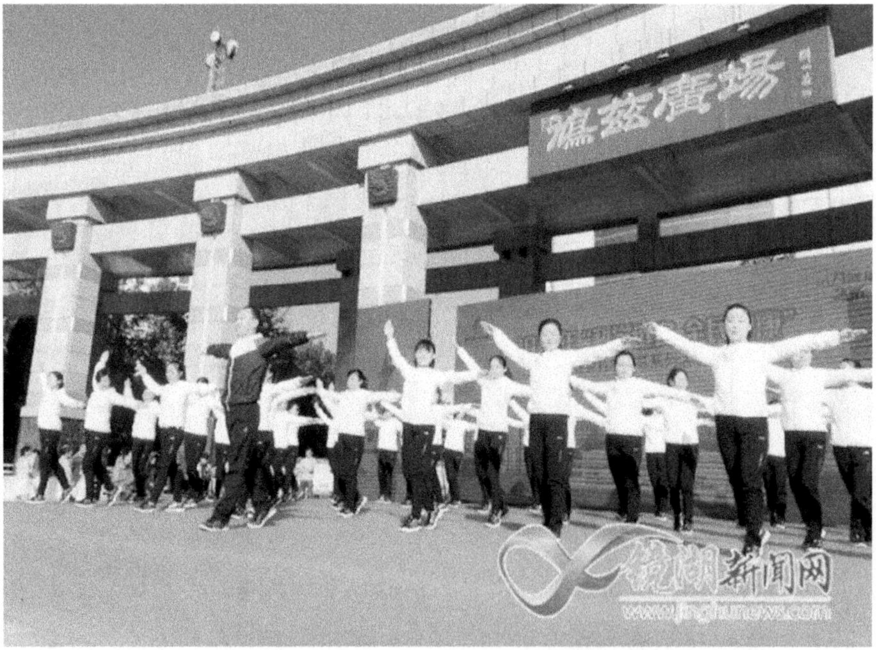

图5－4 2016年全国健身指导活动芜湖站开幕式上骨关节活力操的推广

二、2017 年骨关节活力操的推广

（一）2017 年全国骨关节活力操培训班

关于举办“舞动健康”系列健康操培训班的通知

各相关单位：

为了配合科学健身中国行——2017 年“科学健身 全民健康”全国运动健身科学指导系列活动（以下简称“科学指导系列活动”），山西省体育局等 13 家承办单位“舞动健康——强健关节活力操/舞”项目的展演工作，作为“科学指导系列活动”主办单位国家国民体质监测中心决定在北京举办“舞动健康——强健关节活力操/舞”培训班。现通知如下。

一、时间、地点

时间：2017 年 5 月 30 日至 6 月 2 日（30 日周二下午报到，2 日周五下午离会）。地点：北京市东城区左安门内大街 12 号，北京西西里酒店。

二、参加人员

青岛市体育局、满洲里市文化体育新闻出版广电局、山西省体育局、石家庄市体育局、济南市全民健身中心、宿迁市国民体质测定与健身指导中心、芜湖市体育局（镜湖区体育局）、成都市游泳运动项目管理中心、重庆市渝北区体育事业发展中心、云南省体育科学研究所、景德镇市体育科学研究所、宁波市社会体育指导中心等，每个单位派 2 名人员，其中男性、女性各 1 名，年龄不限。参加培训人员要求，具有一定的舞蹈、健美操基础。

三、培训内容

表5－2　2017年全国骨关节活力操培训内容

<table>
<tr><th>日期</th><th>时间</th><th>内容</th><th>地点</th></tr>
<tr><td>5月30日</td><td>12:00－22:00</td><td>报到</td><td>西西里酒店</td></tr>
<tr><td rowspan="3">5月31日</td><td>09:00</td><td>签到</td><td rowspan="7">国家体育总局体育科学研究所五楼会议室（地址：东城区体育馆路11号）</td></tr>
<tr><td>9:00－12:30</td><td>“强健关节活力操”培训</td></tr>
<tr><td>15:30－17:30</td><td>“强健关节活力操”培训</td></tr>
<tr><td rowspan="2">6月1日</td><td>09:00－12:30</td><td>脊柱操培训</td></tr>
<tr><td>15:00－17:00</td><td>脊柱操培训</td></tr>
<tr><td rowspan="2">6月2日</td><td>09:00－12:30</td><td>“强健关节活力操”培训</td></tr>
<tr><td>15:00－17:00</td><td>考试</td></tr>
</table>

（二）2017科学健身中国行石家庄站骨关节活力操的推广

2017年8月5日，由国家体育总局体育科学研究所、国家国民体质监测中心主办，石家庄市体育局承办的“科学健身 全民健康”全国运动健身科学指导的系列活动走进石家庄。河北全民健身公益代言人史冬鹏在活动现场专门指导健身爱好者如何科学健身。

在开幕式上，史冬鹏专门做了静蹲的示范动作，他建议，如果大家不好掌握平衡，可以靠墙做。同时，他还展示了高抬腿走的标准动作，倡导大家用多种方式享受健身的乐趣。此次石家庄站的活动结合“全民健身日 我要上全运”等主题，活动内容丰富多彩。除了中国力量达人赛、全家一起互动活动、国民体质监测、健步走、科普健身区、科学健身加油站、健身讲座等活动外。还为大家带来了脊柱健康操和骨关节活力操两套科学健身操展演，让大家近距离感受健身的魅力。据了解，脊柱健康操通过对骨关节适当的生理刺激，增强其支撑活动能力，从而达到预防骨关节疾病的作用；骨关节活力操通过对颈、胸、腰功能的锻炼，从而有效地减缓椎间盘的退化，对心肺功能进行提升，对于久坐的学生、办公室白领及中老年人具有很好的帮助。

河北省体育局副巡视员王春表示：“我们要通过开展运动健康指导服务，将科学健身的理念、知识和方法融入百姓日常生活，为加强科学健身指导、普及健身知识、合理锻炼身体提供一个全新的组织模式。”

本次活动是国家体育总局委托体育科学研究所、国家国民体质监测中心自2009年开始，率先提出“科学健身 全民健康”的理念，通过政府引导、地方承办，专家参与、社会支持的合作模式，构建了一个由政府主导，广泛发动各界力量共同参与，媒体跟踪报道的科学健身指导战略平台。八年来，科学健身指导活动深入全国各地，已覆盖45个城市，惠及了40余万人。据了解，今年的“科学健身中国行”活动共有十余站，第一站是在济南，而石家庄则被列为第二站。本次石家庄站活动以突出科学健身，传递正确的科学健身理念与方法，引导大众正确健身为特点。

（三）2017科学健身中国行中卫站骨关节活力操的推广

2017年8月12日，“科学健身中国行”中卫站在中卫市沙坡头水镇的中奥水上乐园如期举办，奥运冠军领队健步走、水上舞台节目展演、力量达人赛是此次活动最大的亮点。国家体育总局体育科学研究所副所长国家国民体质监测中心副主任冯连世先生、自治区体育局副局长周志宏先生、中卫市副市长刘启峰先生、国家体育总局科教司科技处调研员李晨峰先生、国家体育总局体育科学研究所群众体育研究中心国家国民体质监测中心办公室主任王梅女士、宁夏体育科学技术中心主任黑富宏先生、中卫市文体新广电局局长田应福先生，中卫市政府副秘书长安大君先生，中国女子柔道奥运冠军杨秀丽，中国武术冠军吴晓龙出席了本次活动。

“科学健身中国行”是由国家体育总局体育科学研究所、国家国民体质监测中心主办，地方各省市体育局承办的全国首个大型科普健身活动。活动至今已成功举办了9年，覆盖了近60个城市，惠及了40余万人。今年，活动全面升级，推出全新的“2017全家一起”的活动主题，率先从国家层面倡导“1+1家庭健身促进行动”，即“通过一个家庭成员带动全家一起科学健身”。每站区域将开展丰富多彩的科学健身活动：中国力量达人赛、力量达人体验、体质检测、科学健步走、科学加油站、健康讲座等。

每站开展前期，国家体育总局体育科学研究所、国家国民体质监测中心对中国力量达人赛的教练进行培训，对体质测试提供科学精准的指导，针对每个站点的特色安排科学健身运动项目，邀请奥运冠军讲授科学健身的方法，邀请国家专业的讲师走进校园、社区开展科学讲座，选拔优秀的健身展演队伍等等。为了能够向大家普及正确的运动方法，国家体育总局体育科学研究所还专门创编了两套科学健身操——脊柱活力操和骨关节活力操。已经向全国各站做出了有力推广。

2017 年，科学健身中国行活动首次走进中卫，得到了宁夏回族自治区、中卫市各级领导的重视和支持，得到了广大民众的热烈反响。国家国民体质监测中心表示，将会走进更多西北部城市，带动全国均衡发展科学健身的体育事业。活动当天 8 点，由中国武术运动员吴晓龙、中国女子柔道 78 公斤级奥运冠军杨秀丽一同带队领走，与 20 名自行车车队队员、1000 名健步走群众一起完成环湖健步走活动。

据了解，中奥水上乐园是中卫市规模最大最具特色的水陆两栖大型主题乐园，在乐园内的水中舞台上，中卫站的科学健身展演队伍，为大家带来了精彩纷呈的节目，其中《嘿，小可爱》是原创少儿健身舞蹈节目，青年教练带来的《氧踏板操》，中老年展演团队带来的《骨关节活力操》积极响应了今年“2017 全家一起”的活动主题。

本次活动特别邀请的两位运动冠军，带动现场所有人学习科学健身的方式方法。除此之外，市民还积极参与科普区的互动答题、体质检测区的身体检测、全家一起互动区的健身互动游戏。活动现场热闹非凡、全民健身氛围浓厚，科学健身中国行将为中卫带来更多的活力和激情。近年来，结合科学健身的热潮，科学健身活动的发展愈来愈好，此次“科学健身中国行”活动将开展更多贴近生活，多姿多彩的健身活动，吸引广大群众参与其中，这对增强全民体质，提高全民健身意识，塑造全民健身习惯都有极大的影响。与此同时，“科学健身中国行”活动的举办也有助于全社会形成科学健身，崇尚健康生活的积极态度和良好氛围。据悉，“科学健身中国行”活动从济南出发，计划用 8 个月时间走进石家庄、中卫、满洲里、青岛、芜湖、长治、芒市、成都、景德镇、宿迁、重庆、宁波、厦门等 14 座城市的高校、全民健身场所等，义务为广大群众提供科学健身指导服务。

（四）2017科学健身中国行满洲里站骨关节活力操的推广

2017年8月25日“科学健身中国行”满洲里站在满洲里市体育馆举办。国家体育总局体育科学研究所所长、国家国民体质监测中心所长张良，国家国民体质检测中心办公室主任王梅，内蒙古自治区体育科学研究所所长赵安义，体育科学研究所副所长张琳霞，满洲里市政府副秘书长刘嘉琳、满洲里市文体新广局副局长许巍，出席了本次活动开幕式。

活动以具有民族特色的马头琴齐奏《万马奔腾》拉开帷幕，全民健康骨关节活力操展演、蒙古族群舞、异域风情的俄罗斯舞蹈等表演为参赛运动员们进行助力，力量达人赛和骨关节活力操比赛（图5-5）成为此次活动举办的亮点。

科学健身中国行由国家体育总局体育科学研究所国家国民体质监测中心主办，地方各省市体育局承办。满洲里赛区活动区域开展丰富多彩：中国力量达人赛、力量达人体验、体质测试、骨关节活力操比赛、健康讲座等。此次活动吸引了广大群众的积极参与，提高全民健身意识，对全民健身习惯的提高起到了极大的影响作用，“科学健身中国行”满洲里站取得了圆满成功。

图5-5　2017年全国健身指导活动满洲里站的骨关节活力操比赛

（五）青岛市举办骨关节活力操培训班

为配合2017年科学健身中国行系列活动，国家体育总局体育科学研究所经过长期研究实践，研发了骨关节活力操这套简单易学、健身效果明显的健身操，对人体脊柱和关节疾病具有良好的预防作用。

为进一步普及推广，青岛市于2017年9月7日—8日举办了关节操培训班，经各区市选拔推荐，共有来自全市60余名学员参加。

这套操节奏缓和，锻炼全面，循序渐进，融入了日常生活的身体功能训练，对降低静坐少动以及不良身体姿势带来的身体隐形损害有着明显的治疗效果。经过学习，学员纷纷表示，这套操简单易学，健身效果明显，对于骨关节和脊柱具有很好的锻炼效果，对于患关节、脊柱疾病和劳损的人也具有很好的辅助治疗作用。下一步各区市也将展开培训，在全市范围内推广这两套健身操。

（六）2017科学健身中国行宿迁站骨关节活力操的推广

2017年9月30日下午16:00，“科学健身中国行”宿迁站活动开幕式在金鹰城市广场冒雨隆重举行。此次活动由国家体育总局体育科学研究所、国家国民体质监测中心主办，宿迁市体育局、江苏省体育科学研究所、宿迁市体育总会承办，宿迁市国民体质测定健身指导中心协办。国家体育总局体育科学研究所、国家体育总局举摔柔运动管理中心、江苏省体育科学研究所、宿迁市政府办公室等有关领导出席了本次活动，与广大市民共同见证了活动启动，现场气氛高涨，市民积极参与到各项活动中，体验科学健身带来的乐趣。

开幕式为市民带来了精彩演出，呈现中国力量达人赛、力量达人体验、体质测定服务与指导、科学健身加油站、健步走骆马湖行、科学健身指导讲座等一系列内容丰富、形式新颖、主题明确的活动。科学健身加油区里设有科学健身知识介绍，柔韧墙、心脏功能评估墙等使市民了解自身身体形态问题及日常锻炼误区，完成体质测定后在力量体验区学习力量练习的科学方法。除此之外，开幕式还举办了数字健身、模拟健身、网络健身等独具特色的体验活动，向百姓提供了集知识性和趣味性于一体的科学健身方法。

著名举重运动员廖辉及国家举重队副领队王国新亲临现场与大家亲密互动，传授日常锻炼的技能和方法，纠正健身误区，分享了运动健身带来的健康与喜悦。活动期间还举办了多场科普健身讲座，深受市民广泛好评。

国家体育总局体育科学研究所群众体育研究中心主任、国家国民体质监测中心办公室主任王梅在接受采访时表示，本次活动在全国14个城市举行，宿迁是第八站，活动目的不仅在于对运动进行科学指导，希望引领大众提高全民健身参与的乐趣和热情，培养健身意识，掌握科学方法。全民健身已上升为国家战略，体育是健康生活方式中最积极且能够自我控制的一个因素，在健康中国背景下能够发挥更大的作用。近年来，宿迁市群众体育和全民健身工作蓬勃发展，多项群众性质活动在宿迁国民体质测定与健身指导中心的帮助下持续开展，呈现了欣欣向荣的景象。例如：关节操培训班覆盖了全市各个区县，培训人数3000人次，第二届市民平板支撑比赛参赛人数1000人，合计有10场。王梅希望能结合本次“科学健身中国行”活动，在今后的工作中开展更多贴近生活，多姿多彩的健身活动，吸引广大群众参与其中，满足人民群众日益增长的多元化健身需求，推动全民健身和全民健康的深度融合。

（七）2017年山东省国家级社会体育指导员培训班上骨关节活力操的推广

济南市全民健身中心的体育指导员在参加山东省举办的国家级社会体育指导员培训班上也不忘推广骨关节活力操（图5－6、图5－7），用实力征服教员，骨关节活力操受到专家及学员的热烈推崇，当即被列入山东省国家级社会体育指导员培训课程。

图 5－6　2017 年山东省国家级社会体育指导员培训班上骨关节活力操的推广

图 5－7　2017 年山东省国家级社会体育指导员培训班上骨关节活力操的推广

（八）2017 年芜湖市镜湖区教育局骨关节活力操的推广

为配合2017 年科学健身中国行系列活动，进一步普及推广骨关节活力操，2017 年芜湖市镜湖区教育局在系统内的教师开展了骨关节活力操的培训和学习（图5－8、图5－9），参与教师达300 多人。

图5－8　2017 年芜湖市镜湖区教育局骨关节活力操的推广

图5－9　2017 年芜湖市镜湖区教育局骨关节活力操的推广

（九）济南市第七届全民健身运动会举办骨关节活力操比赛

2017 年 12 月 10 日上午，由济南市体育局主办，长清区教育体育局承办的济南市第七届全民健身运动会骨关节活力操比赛（图 5－10、图 5－11）在山东交通学院长清校区体育馆成功举办。来自各区县的 10 支代表队 228 名选手参加了本次比赛。经过激烈角逐，天桥区、章丘区、长清区最终获得了一等奖。

骨关节活力操是 2017 年年初济南市大力推广的健身项目之一，其融科学健身性和可观赏性于一体，易于群众学习推广，深受大家喜爱。骨关节活力操是以运动生理学、运动医学、运动训练学等人体运动科学为基础，将骨关节的激活与强健动作进行整合编排，有效给予骨关节适当的生理刺激，从而增进骨关节的支撑活动能力。同时，骨关节活力操也融入了日常生活的身体功能训练，降低静坐少动以及不良身体姿势带来的身体隐性损害，从而达到预防骨关节疾病的作用。本套骨关节活力操，节奏缓和，锻炼全面，简单易学，循序渐进，适合所有健身人群。

图 5－10　济南市第七届全民健身运动会骨关节活力操比赛

图 5－11　济南市第七届全民健身运动会骨关节活力操比赛

第六章 补充骨关节活力操的其他运动方式

第一节 游泳运动

游泳是一种集阳光浴、空气浴、水疗为一体的综合体育锻炼项目。

一、水中运动的特点

水中的运动对呼吸功能的影响较之其他项目深刻，这与水的密度和压力有关。游泳时完成呼吸运动要比陆地上克服更大的阻力与压力，因而对呼吸肌的锻炼效果更佳。在水中运动时，呼吸频率的变化受游泳动作节奏的限制，不能随意加快呼吸。因而，在水中运动，可使人体从通气中获得氧的效率得到提高。

水中的运动对血液循环功能有良好的影响。这既与水的特性有关，又与人在水中运动时多取平卧姿势有关。人在水环境中的平卧姿势给心脏工作带来有利条件，游泳时全身没有肌肉的静力紧张，在有节奏的动力练习中加上有节奏的呼吸的加深，给静脉血的回流创造了有利条件，水波对身体表面的拍击对静脉回流也有促进作用，因此在水中运动，可使循环功能发挥更大的潜力。

在水中运动对能量代谢也有良好的影响。在水中运动能量代谢的特点是在供能方式上，随着水中运动强度的不同，三个功能系统（运动系统、血液循环系统和呼吸系统）比例有所不同。同时，在水环境中运动能量消耗的多少与水的温度、人在水环境中停留的时间、游泳姿势及运动的适应程度等有关。实验证明，人体在12℃的水中停留4分钟所发散的热量相当于人在陆地上1小时所发散的热量。水的温度直接影响能量消耗的多少，水温越低，能量消耗越多。

在水中运动对肌肉、骨骼和关节系统有良好的影响。人在水中活动的受阻感是空气的800多倍。如果动作速度相同，完成同样的动作，水中与陆地相比至少要多用6倍以上的力量。因此，可有效地增加肌力、耐力。由于水的多种特性，在水中运动肌体可塑性最强，尤其是对腿部和腰腹部肌肉的训练效果更加明显，可调节人体姿势和脊柱生理弯曲，使整个人体向流线型发展，这种适应变异性塑造了人优美的线条，特别是腹部、足部、臀部、胸部、肩背部曲线。水的浮力作用有效地减少关节压力，使体态肥胖的人在水中活动时，可以感觉到轻松自如，克服了陆地上活动容易疲劳的缺点，可以说水中运动是肥胖者最适合的一种体育活动。

由于水中运动相对出汗较少，减少了陆上运动后汗水中的盐分对皮肤的刺激。水流、波浪的摩擦和拍打具有特殊的按摩作用，有效避免并减少肌肤的松弛和老化，使肌肤光洁、润滑、富有弹性。

二、游泳运动的作用

游泳运动具有健身、健美、娱乐、磨炼意志品质和调节情绪的作用。适当地进行游泳运动，不仅能增强心血管系统的机能，塑造流畅和优美的体型，增强体质，还能够满足娱乐需要，给人带来心理上的愉悦。

改善心血管系统的功能。心血管系统包括我们所熟知的心脏、肺和负责将吸入的氧运送到肌细胞的血管。游泳时要克服水的阻力需要动用较多的能量，使心率加快，心输出量增大。坚持长期进行游泳锻炼，心脏体积呈运动性增大，心肌收缩有力，安静心率减慢，每搏输出量增加，血管壁增厚，弹性加大，心血管系统的效率得到提高。此外，游泳时人体处于平卧姿势，水对皮肤的压力又形成一种按摩作用，因此，肢体，尤其是下肢的血液向心脏的回流比在陆地上直立状态下容易。而且水的阻力使肌肉难以像陆地上那样进行爆发式用力，这些特点非常适合体质一般的人进行锻炼，既能增强体质，又不容易因运动过于激烈而发生意外。

提高呼吸系统的机能。水的一个主要特点是难以压缩性。因为水的密度比空气大800余倍，人在水中受到的压力要远远大于在空气中。由于胸腔和腹腔在水中受到的压力增大，这就迫使呼吸肌用更大的力量进行呼吸。所以经常游泳，可以增大呼吸肌的力量，提高呼吸系统的机能。最明显的一个例子是肺活量的值。游泳运动员的肺活量可以达到4000~6000毫升，甚至7000毫升，而一般人只有3000~4000毫升。

改善肌肉系统的能力。游泳是一项全身参与的运动，可以比其他运动动员更多的肌肉群参与代谢供能。虽然游泳不能塑造粗壮的、隆起的肌肉，但能够提高许多肌肉的力量和协调性，特别是躯干、肩带和上肢的肌肉。因为在水中游泳需要克服较大的阻力，游泳又是周期性的运动，长期锻炼能够使肌肉的力量、速度、耐力和关节的灵活性都得到提高。游泳还有一个很大的好处，即柔韧性的改善。这使得人们由于年龄限制而不能从事其他体育活动时，仍然能够继续游泳。由于游泳时身体活动的范围较大，定期进行游泳活动的人都会变得更加灵活和柔软。而且，正确的游泳技术要求肌肉在收缩用力前先伸长，这种运动方式有利于不断地提高柔韧性和力量。

塑造健美的体型。如果你经常观看游泳比赛，一定会对游泳运动员那圆润、修长、比例适当的肌肉和健美的身材艳羡不已。因为肌肉工作方式的影响，游泳运动员一般有修长的身材、宽宽的肩膀、灵活的腰肢、匀称的体型。游泳能有效地消耗体内脂肪，尤其是公开水域游泳运动需要长时间地游泳，因为水温与体温相差约10℃，这会加速人体热量的消耗，游泳加控制饮食，无疑是一种很好的减肥方法。实验证明：游泳比长跑、体操、摔跤运动员的热能消耗大。在20℃水温中游泳热量的散发是基础代谢条件下的5倍，在5℃水温下游泳5分钟所消耗的热量相当于陆上长跑1小时的消耗。经常进行游泳训练的人都胸部肌肉丰满，肩部宽阔，体形肩宽窄臀，加上富有弹性的肌肉给人以健壮、匀称的自然美。游泳还有美容护肤的功效。游泳是在水中进行，长期湿度较高的环境，对皮肤是很好的滋润与保养。而在陆上时，当皮肤的水分含量低于10%，皮肤呈干燥状态，变得粗糙。

改善体温调节的机制。由于水的温度一般低于气温，水的导热能力又比空气强数十倍，因此人在水中失散的热量远远快于在空气中。经常游泳能改善体温调节能力，从而更能够承受外界温度的变化。公开水域游泳在阳光、水、空气这几种自然条件影响下。大脑皮质对热的产生和散热的调节形成条件反射，增强人体体温的调节能力和机体对外界环境变化的适应能力，从而提高免疫水平。特别是冬泳，对这方面的改善作用尤其明显。

预防和治疗疾病。由于冷水的刺激，长期进行游泳锻炼能增强机体抵御寒冷，适应环境的能力，可以预防感冒等疾病，使身体日益强壮。由于游泳时身体平卧，加上浮力的作用，可以使脊柱充分伸展，对一些脊柱病人有一定的康复作用。游泳还可以作为运动处方，治疗一些慢性疾病，如慢性肠胃病或慢性支气管哮喘等等。对于一些不适合直立锻炼的人群，如过度肥胖症患者等，如果采取跑步等方式，由于重力作用，腿脚部负担过重，容易导致受伤。这时，游泳是很好的替代锻炼方式。在公开水域中游泳，身体可以直接受到阳光的沐浴，适宜的阳光紫外线能促使皮肤增长维生素 D，具有防治软骨病，调节体内钙、磷代谢，促使生长发育，提高身体组织活力的功效。紫外线还能刺激骨髓制造出更多的红细胞，也有利于贫血症患者。适量的紫外线照射，还能使血液循环加快，心脏跳动有力，呼吸加深。在户外的江河湖海里游泳，还能呼吸到更多的新鲜空气，这些对人体的健康都是十分有益的。

调节情绪。人们在紧张的工作之际，情绪经常处于焦虑、忧郁、浮躁不安等状态之中。只要到水中游上几趟，通过水流对身体的摩擦和冲击，形成一种特殊的按摩方式，这种自然的按摩，不仅使肌肉得到放松，还会使紧张的神经顿时松弛下来，把那些消极的，对身体产生副作用的心理因素排泄散发出去，恢复积极、健康的心理状态。游泳是一项社会性很强的体育运动，参加游泳锻炼大多结伴而行。长时间在一个地方游泳会结识一批新朋友，这些人聚在一起谈天说地，互相照顾，使人精神上得到满足。

三、冬泳对人体健康有促进作用

冬泳能增强人体对冷刺激的适应能力，增强人体的抗寒能力，提高人体对疾病的抵抗力，延缓衰老进程。可以增强心肺功能，而且有利于人体的微循环。冬泳后心肌收缩力增强，血液循环加速，促进身体各系统功能向好的方面发展。冬泳像血管体操一样，增加血管弹性，加速血流速度，可以减少沉积在血管壁上的脂肪颗粒和胆固醇，减少与推迟动脉硬化，预防血栓的形成和冠状动脉梗塞，在一定范围内降低高血脂和高胆固醇。冬泳增强消化系统功能。由于热能过多的消耗，故消化能力增强，所以，食欲大增，全身代谢功能普遍增强。可增强自身的免疫力，免疫力是指机体对入侵的病原体的防范和抵抗力。冬泳人游泳后许多指标如淋巴细胞、白细胞、吞噬细胞、免疫球蛋白等，都比冬泳前明显增加。冬泳有促进内分泌的作用。人体在接受强冷刺激后，通过神经系统立即反映到脑下垂体、肾上腺、胰腺、性腺等腺体，各腺体则分泌相应的激素，即所谓神经体液，再通过相应的神经中枢调整相应器官生理功能，建立新的平衡。按理说，各腺体分泌功能本应随年龄增长而减退，但经测试证明：冬泳者的甲状腺素分泌量有所增加。冬泳可延缓神经系统的衰退，特别是中枢神经的衰退。通过冬泳锻炼普遍感到心理上的满足。通过强冷刺激后所产生的欣慰感，冬泳这种心理上和精神上的不断充电，对机体各系统生理功能定会产生积极的影响。

中国古代医学运用的一些冷冻疗法，与冬泳健身有相似之处。如《后汉书》：“有妇人长病经年，世谓寒热注病者也。冬十一月中，陀令坐石槽中，旦用寒水汲灌，云当满百。始七八灌，战欲死，灌者惧，欲止，陀令满数。至将八十灌，热气乃蒸出，高二三尺。满百灌……汗哈密瓜出著粉，汗槮便愈。”。《南史》：“将军房伯玉……夏患冷，夏日常复衣。嗣伯为诊之，日：‘卿伏热，应须以水发之，非冬月不可。’……自尔恒发热，冬月犹单衫，体更肥壮。”。《肘后备急方》晋·葛洪著，载有冷水治病。《本草拾遗》唐·陈藏器著，载有用腊月雪治疗肿毒。《儒门事亲》元·张从正著，载有以雪洗眼。《本草纲目》明·李时珍著，载有用冰敷乳房，以治乳痈初。

四、游泳运动的安全

游泳虽然是夏季健身的一种非常好的运动方式，但如果不注意安全，也容易发生溺水、伤亡等意外情况，所以游泳不要忘记安全第一。游泳时应注意的以下安全事项。

身患疾病的人不宜进行游泳运动。较严重的心脏病、高血压患者尤其不宜参加游泳，否则不仅会加重病情不利于健康，还容易引起意外。有些人喜欢空腹或饭后游泳，其实，空腹与饭后都不宜游泳。空腹时血糖水平降低，游泳容易引发腹痛、头晕、四肢无力；饱食后消化器官正需要大量血液，这时游泳血循环加快，大量血液流向四肢，会影响胃肠蠕动、消化与吸收，还会引起腹痛。不要在身体疲劳或大汗后游泳。身体过度疲劳，超过人体负荷，机体反应能力降低，这时游泳会增加心肺负担，还容易引发呛水、腿肚（腿脚）抽筋等溺水意外。剧烈运动后排出大量汗液，身体抵抗力下降，这时如果贪图凉快贸然下水，容易引发各种疾病。下水前要做准备活动，可以跑跑步、做做操，活动开身体，还应用少量冷水冲洗一下躯干和四肢，这样可以使身体尽快适应水温，避免出现头晕、心慌、抽筋现象。对自己的水性要有自知之明，下水后不能逞能，不要贸然跳水和潜泳，更不能互相打闹，以免呛水和溺水。在游泳中如果突然觉得身体不舒服，如眩晕、恶心、心慌、气短等，要立即上岸休息或呼救。在游泳中，若小腿或脚部抽筋，千万不要惊慌，可用力蹬腿或做跳跃动作，或用力按摩、拉扯抽筋部位，同时呼叫同伴救助。

第二节　爬行运动

根据有关资料介绍，早在20世纪初，德国医学专家卡纳普，从猫爬行中受到启发。于是创造了双手双膝着地“爬行疗法”，对治疗腰肌劳损和脊椎侧弯取得了显著的疗效。近年，巴西著名的老年病专家，若奥·巴蒂斯塔·卡尔望博士，对各种爬行动物进行了详细观察，发现爬行动物很少患动脉硬化、冠心病、痔疮、下肢静脉曲张。于是他提倡“爬行运动”。

一、生物进化对人类健康的影响

古生物化石证明，地球上最早的原核生物约在太古宙早期（距今约 38 亿年）出现，经过 10 亿年之后才由原核生物进化成含有细胞核的真核生物（细胞），脊椎动物发生在距今约 5 亿年的显生宙－古生代－石碳纪，约 3300 万年前从旧世界的猴子中进化出猿，约 600 万年前人类与黑猩猩分手，直立起来用双足行走。因此，直立行走引发了人类解剖学上的巨大改变，为其他方面的进化奠定了基础。

在其他灵长目动物，脊柱原本起到拱顶的作用，一旦人类直立起来它就只好充当承重的立柱了。为了支撑我们的脑袋并平衡髋关节和下肢以上的体重，脊柱演化成 S 形弯曲，从而维持了人体平衡和省力的双足运动。但也为人类颈背部疼痛、脊柱多发性疾患留下了隐患。灵长类动物的主要活动方式为爬行，而人类通过直立姿势的进化成为最高的智慧者，作为理性人所面临的这个世界里，灵长类动物的脊柱骨在躯干中几乎为水平位，如以建筑物作比喻，是相当于梁的部分，内脏器官有相当的重量各悬挂在其下，下部则有腹壁支撑。在人类的直立行走中，这些分量的内脏被挂在相当于房柱，与地面垂直的脊柱骨上，在不稳定构造的头部和颈部，要把振动控制在最小限度，上肢能持重物是通过躯干特别是腰部支持的。

脊柱是人体最重要的受力结构，作用于脊柱上的载荷过大、受载时间过长、姿态不正确、外界环境振动或冲击等，均会造成脊柱的损伤。如果从生物力学角度来看，脊柱由刚度比较大的椎骨和刚度比较小的椎间盘以及附着在脊柱上的韧带等组成。对椎骨和椎间骨的力学特性的研究证明，椎骨大体上属于弹性材料，而椎间盘和韧带等属于黏弹性材料。脊柱周围的肌肉很多，可发动并控制脊柱的运动，承受作用于躯干的外力，增强脊柱的稳定性。对于运动员来说，脊柱运动性很大的人，脊柱的固定主要依赖于其周围肌肉的收缩而不是韧带装置。没有肌肉的参与和工作，脊柱也不可能维持在稳定的平衡状态。由于脊柱周围的韧带和肌肉具有很大的可塑性，通过特殊的训练，可增强韧带的强度和肌肉的收缩力，使脊柱维持平衡的能力大大提高。

脊柱疾病是现代人的时髦病。发病率愈来愈高，且有年轻化的趋势，有资料证明：仅脊柱病引起的颈肩臂腰腿痛正困扰着80% ~90%的成年人，更不要说脊柱病还可以引起百余种脊柱相关内脏组织器官疾病。之所以如此，是因为脊柱是大脑与肢体官窍联通的唯一器官。其解剖位置和功能的正常是身心健康的根本保证。而现代人由于工作和生活条件的变化，坐和单一姿势体位工作的情形增多，加之运动不足、身高增加、体重增加等因素，均容易导致脊柱关节及脊周软组织的急慢性损伤和退行性病变、错位、畸形，从而引起脊柱及脊柱相关疾病的发生。在这些致病因素中，体姿不正是最常见、最主要的因素。所以，日常工作、学习和生活中，保持良好的体位和姿势是脊柱乃至人体保健的关键。全球最新研究成果发现：脊柱是人体的第二生命中枢，是人体信息和能量输送的主要通道。脊椎病不仅是影响人们健康的常见原因，更是引起多种相关内脏病变的主要原因。脊柱贯穿人体，是人体的支柱，具有支持人体体重、结构形成、提供运动、保护内脏的作用。同时脊柱也是人体信息中枢“脑—脊髓”的保护屏障。如果脊柱出现了问题，不仅会影响颈椎、胸椎、腰椎、骶骨，出现局部疼痛不适，同时还会出现内脏器官功能病变，如脑供血不足、血压异常、睡眠障碍、心脏病、胃肠功能紊乱、肾病、盆腔炎症等等。

进化问题是生命世界中十分重要的问题，运动学专家如果不了解进化的某些方面，就无法理解人类的独特性、机体的结构层次及内外环境的和谐调节等问题；无法理解人体有一些地方更易出现运动性疾病。直立行走使人类迈向文明的世界，却换来身体某些部分特有疾病和潜在问题，所以，我们要了解进化问题，用进化的思想来制定运动健身处方，通过适当的运动方法来减少进化带来的人体弱点，使运动有针对性地促进健康。

二、向动物学习爬行

动物除了跑、爬、蹲、卧姿之外，很少有如坐、站姿等。动物不坐、不站是不会还是不做？美国科罗拉多（Colorado）大学医学专家的实验结果给出了答案，仰卧位，两肺叶的相当部分位于心脏下方，肺就将感受来自心脏自身重量和其中血液的压力；俯卧位，两肺叶只有很小一部分位于心脏下方而受到压力。这个也许是最适合肺脏的姿势。肺活量的增加，直接的受益者是心脏。这可能是陆地上4000多种哺乳动物中，绝大部分都是四肢行走的道理吧。其实动物很聪明，猫、狗的拱腰，马、驴的打滚，就是很好的放松。动物的日常行为让人开窍。动物通过四肢行走和腹式呼吸，达到内外、上下、四肢的平衡，对五脏六腑起到了很好调理作用，腹部向下是对脊柱、内脏最妥帖的保护。在养生方面，动物往往是人的老师，与动物相互取长补短，才是人类进步的唯一妙法。聊到爬行运动，有朋友开玩笑称爬行是“退化”。从进化角度讲，从低等动物到高等动物，从水生动物到陆地动物，从爬行到直立行走，爬行是一种退化。但养生角度讲，爬而求退之，实际又是一种进化。

三、爬行运动的好处

爬行健身可将全身重量分散到四肢，以减轻身体各部位，尤其是腰椎的负荷，故对防治腰椎部疾病、腰肌劳损以及多种颈、肩、脊柱病有一定的疗效。

人体直立时，心脏要推动血液循环，就要克服血液的重力影响。而且人在直立运动时，下肢是主要活动器官，血液会更多地分配到下肢，心脏及其以上的器官血供减少。与此相比，爬行时由于心脏及其以上部位位置的降低，有利于全身的血液循环，对防治心血管疾病有积极作用。

爬行时头部经常下垂，血流量增加，能有效地改善大脑的血液循环。

普通的直立位运动时，只能锻炼身体的1个、2个或者仅仅少数几个部位，而爬行运动使你在做运动时，全身各个部位同时参与协调运动，使手臂、腰部、腹部、背部、臀部、大腿和小腿等同时运动。

人站立时是以胸式呼吸为主，而爬行运动时却是以腹式呼吸为主。腹式呼吸时，膈肌上下运动的幅度增大、肺泡扩大，腹腔各脏器、大血管也随着呼吸的频率有节奏地运动，加大了肺活量（腹式呼吸比胸式呼吸吸入的空气量增加2～3倍），因此心肺功能比普通运动方式得到更好的加强。

爬行可促进脑前庭的平衡系统。爬行时，特别是手足爬行时，需要脑前庭平衡系统的参与以维持身体的平衡，使其得到锻炼并加强。

四、爬行运动的注意事项

爬行速度不宜过快，站立时，切记不可马上站起，要由爬式先改为坐式，慢慢站起，以免突然站起造成大脑瞬间缺氧晕倒。手腕一定要注意，避免过伸。

第三节　健走运动

走路是人类本能的身体活动，从猿到人的进化过程说明，人类身体结构就是为步行设计的。问题是，随着汽车等代步工具的普及，人们“好逸恶动”的条件和理由越来越充足，以至基本的走路功能都有些退化了。根据美国疾病控制与预防中心的研究，有高达75%的美国人每天运动量不到30分钟。健身走，介于散步和竞走之间的一种运动方式，主张通过大步向前，快速行走，提高肢体的平衡性能，它不受年龄、性别、体力等方面的限制，属于低投入、高产出的有氧健身运动。走路健身又健脑。我国自古就有“走为百练之祖”的健身经验谈，其中传统医学认为，双脚是人体的健康之根。走路刺激脚底穴位，能舒筋通络，活血顺气，强身健体。同时，现代运动医学研究也证实：走路时，骨骼、肌肉、韧带、神经末梢都要参加运动，从而促进血液循环，调节大脑皮层的活动功能，促使身体各种激素分泌，使人心情愉悦。走路防病并延缓衰老。最新的医学研究表明，一周健步走7小时以上，可以降低20%乳腺癌、30%心脏病和50%糖尿病的罹患率，而中老年人每天散步2.4公里以上，心脏病发作率将降低50%。美国著名心脏病专家怀特博士首先提出健身走是最好的运动，会对健康带来多种益处。他鼓励人们每天进行步行锻炼，并作为一种有规律的终身运动方式。世界卫生组织也将健身走确定为最好的健身方式。国内外许多著名人士多年参加健身走均获得了良好的健康状态。

一、健身走的好处

（一）健身走可以降血糖还可以减轻胰岛素抵抗

健身走可以增加胰岛素受体数目，使胰岛素受体结合力上升，胰岛素受体后作用增强，改善葡萄糖利用；健身走可以增强外周组织对胰岛素的敏感性，从而改善胰岛素抵抗，促使肌细胞对葡萄糖的摄取和利用。

（二）健身走能减少糖代谢时的胰岛素消耗量

健身走有助于肝脏和肌肉摄取葡萄糖合成糖原。健身走还可以抑制餐后血糖升高。

（三）健身走可以降血脂

健身走能增强肌肉脂蛋白酶活性，促使肌肉细胞利用脂肪酸，降低血清胆固醇、甘油三酯和低密度脂蛋白胆固醇，升高高密度脂蛋白胆固醇。

（四）健身走可以减肥

健身走时的能量消耗，促使脂肪组织分解，增加血液中游离脂肪酸的利用，促使大量脂肪消耗，并消耗多余的葡萄糖，使其不转化为脂肪，从而减少异生脂肪聚集，减轻体重。

（五）健身走可以降血压

健身走有助于防止动脉粥样硬化，增强血管弹性，有益于降低高血压。

（六）健身走可以降低血液黏稠度

健身走可以降低血液黏稠度，防止血栓形成，有益于防止脑梗死和心肌梗死等并发症。

（七）健身走可以增强抗病能力

健身走可以改善机体新陈代谢，增强体质，增强机体抗病能力。

（八）健身走可使身心愉快

健身走可以改善机体平衡功能，改善思维，使人精神焕发，心情愉快，减轻精神压力，保持身心健康。

二、健身走动作要领

健身走的要领在于昂首挺胸，眼平视前方，双肩放松，直腰收腹。脚跟先着地，过渡到全脚掌，再到脚尖蹬地。双臂前后摆动，身体稍稍前倾。速度可快可慢。健身走时下肢的摆动分为前摆和后摆。前摆时，大腿前侧的肌群（股四头肌、阔筋膜张肌、缝匠肌等）为屈肌，其收缩时，作用是屈髋和伸膝，参与摆动腿的前摆、下压时的伸小腿动作及后蹬时的伸膝动作；大腿后侧的肌群为对抗肌。下肢后摆时，大腿的后侧肌群（半腱肌、半膜肌、股二头肌等）收缩，作用是伸髋和屈膝；大腿前侧的肌群为对抗肌。

三、健身走练习的注意事项

虽然说健身走是危险性最小的有氧运动，但是对于平时不大进行运动的中老年人和体质较弱的人群来说，应当在健身走前后进行身体检查和医务监督，其目的在于对自身的健康状况有个正确的了解和认识。发现潜在的疾病和危险因素，以便提早预防。身体检查包括心肺功能、血压、脂肪含量等各项体质检查。根据检查结果来选择快走还是慢跑及运动量的大小。自我监督是在健身走锻炼期间经常观察自己的健康状况和生理机能变化的一种方法。通过这种方法，能够评定健身走运动量的大小，早期发现过度疲劳，预防运动性损伤及其他危险。

四、中老年人健身走指导

中老年人，由于身体条件和生理机能的变化，不宜从事剧烈的体育活动，因为这样容易造成伤害，达不到健身效果，也不能起到防病治病的作用，健身运动应该是轻松愉快、容易掌握、充满乐趣且丰富多彩的。实践证明：在多种健身运动中，健身走是中老年强身健体的最佳方法。中老年人个体差异很大，参加锻炼时，对完成体力负荷的能力有所差异，因此，健身走时应该注意以下几点：（1）进行体格检查。参加健身走前，要进行全面的身体健康检查，了解身体健康情况，尤其是心血管和呼吸系统的机能状况，对有病患组织或器官的情况要特别注意。（2）健身走时，不应该做大强度、剧烈的走步，要安排适宜的运动量。（3）加强自我监督。中老年人参加健身走，应该时常了解自己的心律、脉搏、血压及身体健康情况，特别要注意病患征象的变化。只要中老年人根据自身的生理特点和身体条件，选择适当、适宜、适量的运动，坚持科学合理的锻炼，按照循序渐进、持之以恒的原则，就一定能保证体育锻炼的安全有效，达到增强体质、防病治病的目的。

五、越野行走

越野行走（Nordic Walking），又称“北欧式行走”，其特点是同时使用两支特制的手杖来进行行走和锻炼。运动方式主要有两种：（1）在平路行走，（2）登山。越野行走起源于芬兰，北欧式行走（Nordic Walking）源于越野滑雪（Nordic Ski）运动。越野滑雪运动员夏季训练方法之一就是利用手杖徒步行走。后来，对滑雪杖的手柄和手柄护手进行了改造，使之更适合于快步行走和登山，由此逐步演变为一种在户外进行的有氧运动，也可称为越野行走。越野行走以其简单、运动过程中的便于交流性和对身体全部器官的充分调动，在滑雪运动比较普及的北欧、中欧约 20 个国家逐渐流行开来，并于 2000 年成立了国际越野行走联合会（International Nordic Walking Association），简称 INWA。目前，在瑞典、芬兰、奥地利、意大利、德国、法国、冰岛、西班牙、比利时、丹麦、拉脱维亚、俄罗斯、瑞士、捷克等欧洲国家及加拿大、澳大利亚和日本都建立了该运动项目的协会。在我国，越野行走是一项新兴的大众健身运动。

进行越野行走，可以在下肢得到锻炼的同时，使上肢、肩、背、腰也同时得到锻炼，同样的时间，锻炼效果事半功倍。在平路，与普通行走相比，不用走得很快，就可以提高心律，达到可以健身的有氧运动的运动强度，解决了步行运动量小，锻炼效果差的问题。登山时，有了两只手杖支撑，不仅提高了安全性，更重要的是可以减轻下肢的压力，有效地保护膝关节，为喜好登山运动，又担心膝关节受损的人们，解除了后顾之忧。因此，越野行走比散步有效，比慢跑安全，是一项比健步行走更科学的健身方式。据国际越野行走联合会的专家测试，与普通行走相比，越野行走者的心律至少可以提高13%，热量可多消耗30%～46%。可使颈部、肩部得到放松，增强手臂、胸背肌的力量，有效地消耗腰、腹、臀部的多余脂肪，达到减肥的目的，也是预防和治疗肩周炎的好办法。越野行走有不同强度的运动方式，因此，适合不同年龄段的人群，尤其适合女性，因为女士们上肢的锻炼机会很少，能在步行的同时锻炼上肢和躯干，对减肥、塑造体形作用明显。孕期和产后的妇女利用手杖行走，对保护胎儿和体形的恢复，具有意想不到的良好效果。

第四节 自行车运动

我国是一个自行车大国，骑自行车的人众多。它不仅仅只是一种代步工具，骑自行车有很好的健身作用。由于自行车运动是一项有氧运动，可以强化心脏功能。由于自行车运动的特殊要求，手臂和躯干多为静力性的工作，两腿多为动力性的工作，在血液重新分配时，下肢的血液供给量较多，心率的变化也依据踏蹬动作的速度和地势的起伏而不同。身体内部急需补充养料和排出废料，所以心跳往往比平时增加2～3倍。如此反复练习，就能使心肌发达，心脏变大，心肌收缩有力，血管壁的弹性增强，从而使肺通气量增大，肺活量增加，肺的呼吸功能提高。骑自行车至少能牵动人体下肢3对关节和26对肌肉，其中肌肉和髋、膝、踝关节受益尤甚。有人做过测定，骑车30分钟消耗热量在8360焦耳以上，相当于慢跑20分钟所消耗的热量，骑自行车可以减肥，使身材匀称。骑车时两腿轮番蹬踏，协调合作可有效地平衡大脑左右两半球功能，提高大脑的灵敏性，推迟脑细胞老化，在国外很多国家，骑自行车旅游已是一种很普遍的外出游玩方式，既可锻炼身体，又能从容欣赏路两边景色。近年，随着人们环保意识的增加，选择燃烧脂肪而不是燃烧汽油更是大势所趋，自行车旅游在国内也日见流行。

骑自行车锻炼注意事项主要有以下几点：（1）骑自行车应集中注意力，避开城市繁华的街道和车流量较大的路段及溜坡滑行，以保证安全。（2）应保持正确的骑车姿势，骑车时上身要放松，以避免引起肩膀和脖子酸痛；骑车时不要把身体压得过低，否则会限制腹式呼吸。（3）车座的高度应稍低于车把5厘米左右。车型大小也要适合于自己的身高。（4）如遇大雾、能见度很低或冬季路面结冰的天气，不宜进行骑车锻炼；酒后也应禁止骑车锻炼。（5）要注意骑自行车症和外伤事故。如骑自行车用力不当，会引起肱骨内侧擦伤或上髌炎、腓总神经麻痹等。女子月经期更应注意健身卫生，一般不宜长距离、大运动量骑车运动。（6）运动量要适中。每次骑车至少30分钟，随着社会的发展和人们物质生活的不断丰富，固定阻力和功率自行车的出现，更为广大健身爱好者提供了方便而优越的条件。现代功率车已达到了电脑化的程度。锻炼者可在蹬车前设计出锻炼程序，蹬车时车把上的屏幕会显示出多种信息，如心率、速度、距离、时间、能耗及水平（档次）。这些显示的测试数据，更便于锻炼者及时掌握、调整自己的运动量和强度，以达到全面健身的目的。

第五节　跳绳运动

跳绳器械简单，场地到处都是，简单易行，花样繁多，可简可繁，随时可做，一学就会，跳绳特别适宜在气温较低的季节作为健身运动，而且对女性尤为适宜。

从运动量来说，跳绳15分钟相当于：单打3局网球、打17洞高尔夫球、在9分钟内骑自行车跑4.5公里、在23分钟内游泳637米、在8分钟内跑1600米和滑冰1小时，是一项适合大众的体育健身运动。

跳绳时，身体以下肢弹跳和后蹬为主，手臂摆动，腰部也配合上下肢活动而扭动，腹部肌群配合提腿，上下肢在不停地交替运动。跳绳能增强人体心血管、呼吸和神经系统的功能。跳绳对心脏机能有良好的促进作用，它可以让血液获得更多的氧气，使心血管系统保持强壮和健康。跳绳的减肥作用也是十分显著的，它可以结实全身肌肉，消除臀部和大腿上的多余脂肪，使你的形体不断健美，并能使动作敏捷、稳定身体的重心。跳绳是全身运动，人体各个器官和肌肉以及神经系统同时受到锻炼和发展，跳绳时的全身运动及手握绳对拇指穴位的刺激，会大大增强脑细胞的活力，提高思维和想象力，同时，跳绳训练人的弹跳、速度、平衡、耐力和爆发力，同时可培养准确性、灵活性、协调性。

跳绳运动是一种安全的运动，绝少有运动伤害的发生，即使跳跃失败或停顿，也不会有坠落、跌倒、冲突或被用具所伤的危险。况且跳绳者又能随自己的身体状况、体力及技术度来自由调节跳绳的速度和次数，因此大家可安心练习。因此，跳绳运动无论对发育中的孩童，锻炼期的青年，甚至有必要增进健康的一般中老年人，都是非常适合的运动。

第六节　踢毽子

踢毽子，是我国一项流传很广，有着悠久历史的民族体育活动。据历史文献和出土文物证明，踢毽子起源于我国汉代，盛行于六朝、隋、唐。唐《高僧传》二集卷十九《佛陀禅师传》中记载：有一个叫跋陀的人到洛阳去，在路上遇到了12岁的惠光，在天街井栏上反踢毽子，连续踢了500次，观众赞叹不已。跋陀是南北朝北魏时（467—499）人，为河南嵩山少林寺的祖师，他非常喜欢惠光，并将他收为弟子，惠光便成了少林寺的小和尚。宋朝高承在《事物记源》一书中，对踢毽子有较详细的记载："今时小儿以铅锡为钱，装以鸡羽，呼为毽子，三四成群走踢，有里外廉、拖抢、耸膝、突肚、佛顶珠等各色。"

踢毽子对调节人的眼、脑、神经系统和四肢的支配能力有着特殊的功能。从运动学角度分析，踢毽子的技术动作需要四肢通力配合，是一项全身运动，使脚、腿、腰、颈、眼等身体各部分得到锻炼。尤其是踢毽子可以让人体的关节得到横向摆动，带动了身体最为迟钝的部位，从而大大提高了各个关节的柔韧性和身体的灵活性。长期踢毽子还能增强心肺功能、促进血液循环和新陈代谢。踢毽子可以训练孩子精力集中、眼神快，手脚灵活。对成年人来说，踢毽子主要以腿部、脚部运动为主，从而带动全身血液循环，这对血糖的调节起着很重要的作用。对颈椎病、腰椎间盘突出和坐骨神经痛等慢性疾病也会起到很好的缓解作用。踢毽子是一种有氧运动，对减轻心理压力很有好处。有氧运动，比如慢跑、慢游（泳）、慢踏（自行车）、跳绳等，对减轻心理压力效果很好。踢毽子可以活跃大脑，保持精力充沛。对于整天做办公室的人来说很合适。

毽子制作容易，动作简单，对年龄和性别都没有限制，而且运动量可以自由控制，运动效果好，需要的场地比较小。毽子运动需要的场地比较小，家里、走廊均可。最好是到户外，尤其在明媚的时节，在大绿树下的平地上或者是平坦的绿草地上，空气清新，阳光灿烂，是踢毽子的好地方。在开始踢毽子以前，一定要做热身。简单的准备动作，比如，拍拍手、拍拍脚，绕圈，转动手腕和脚踝，跑一小段路程等，做大约 10 分钟左右的热身就够了。

踢毽子基本动作有四个：盘、拐、磕、蹦。用脚内侧踢，俗称"盘毽子"；用脚外侧反踢，叫作拐，俗称"打拐拐脚"；用膝盖将毽子向上弹起，叫作"磕"；用脚尖踢毽，叫作蹦，俗称"叮叮猫打镖鸡"。最简单的就是"盘"和"拐"了。踢法多种多样，有单人踢、双人踢、多人踢；有正踢、反踢、交叉踢等二三百种花样。踢毽子寓游戏于运动之中，只要玩得开心，合理掌握运动量，不但能够达到强身之目的，还能享受到其中的乐趣。

踢毽子基本动作要领如下。

一、盘　踢

一腿站立支撑，另一腿屈膝外展，向内向上摆小腿，用踝关节内侧踢毽，等毽子落到膝盖以下的位置时，抬脚再次踢起，可以单脚持续踢，也可以双脚轮流踢击。盘踢是踢毽入门的基础，没有很好的盘踢基础，其他一切踢法都是无法练习的。

二、磕　踢

自然放松站立，用手抛起毽子，然后提起大腿用膝关节将毽子磕起，注意小腿自然下垂，大腿不要外张或里扣。刚开始可以用手接毽，辅助练习，熟练后即可以磕踢、盘踢交替进行。磕踢特别适用于毽子下落时距离身体很近的情况，是盘踢的有益补充。

三、拐　踢

大腿放松，小腿发力向身体后斜上方摆动，用踝关节外侧踢击。当毽子距离身体较远时，可以抬起大腿去接踢。这种踢法能够照顾到身体外侧和斜后方很大范围。

四、绷　踢

大腿向前抬起，上身略微前倾，小腿向前摆动，髋关节、膝关节放松，在踢毽子的一刹那踝关节发力将毽勾起。绷踢的发力可高可低，能救起即将落地的毽子。

参考文献

[1]黄新美．体质人类学基础[M]．广州：科学普及出版社广州分社，1983：7－10.

[2]万德光．现代力量训练[M]．北京：人民体育出版社，2003.

[3]马鸿韬．健美操创编理论与实践[M]．北京：高等教育出版社，2004：242.

[4]肖宁，刘燕．进化对人类健康和疾病的影响[J]．贵州师范大学学报(自然科学版)，2001，19(2)：103－106.

[5]洪显君．健美操的健身效应[J]．武汉体育学院学报，2002，36(5)：83.

[6]董晶晶．基于行为改变理论的城市健康生活单元构建[D]．哈尔滨工业大学博士论文，2010：18－21.

[7]洪秀岩．浅析民族健身操的动作编排[J]．华章，2010，(30)：67－68.

[8]魏纯镭，赵元祥．健美操[M]．北京：北京体育大学出版社，2003.

[9]李秀丽．有氧运动健身的生物学分析[J]．北京体育大学学报，2003，26(6)：776－777.

[10]唐宏贵，钱文军．体育健身原理与方法[M]．武汉：湖北人民出版社，1998，12.

[11]陈佳．大众健美操创编的理论研究[J]．当代体育科技，2012，(2)：80－81.

[12]体育院、系教材编审委员会．运动医学[M]．北京：人民体育出版社，1978.

[13]翠娟，等．成套大众健美操创编的初探[J]．南京体育学院学报．2002.(2)

[14]水平运动[EB/OL]．http://baike.baidu.com/link? url = gFyHNlLyc6YdhTzbC8SxA1 dkB-GJDYe31HJVU1QzqsshsDC4__Q8GddyTDfz7v46PYoxQPf5BkIl－vykB76eoqa.

[15]艾烜．体育教育与现代人类进化研究[D]．武汉理工大学硕士论文，2009：10－12.

[16]马丽．健身操运动方案对中学生健身效果的实验研究[D]．西安体育学院，2012.

[17]王安利．运动忠告[M]．广州：广东人民出版社．2005.1.

[18]李林峰．不同力量训练研究进展[J]．理论科学，2008，9(12)：11－13.

[19]王晓贞．有氧健身操对女青年身体形态和机能的影响[J]．体育学刊，2003，10(1)：62.78.

[20]胡小明．体育人类学[M]．广州：广东人民出版社，1999：32－47.

[21]王学锋．力量锻炼在控制体重中的作用机理初探[J]．山东体育科技，2004，2.

[22]王维群．有氧健身操运动处方对中年女科教人员体质的影响[J]．天津体育学院学报．

2001,16(2):50. 52.

[23]周士枋. 实用康复医学[M]. 广州:东南大学出版社,1998.

[24]夏祥伟. 体育锻炼对研究生健康影响的实验研究[J]. 体育科学,2007:11. 42-47.

[25]匡小红. 大众艺术健身操创编理论的实验研究[J]. 西安体育学院学报,2003,(4):78. 79.

[26]王正珍,主译. ACSM 运动测试与运动处方指南(第八版,ACSM's Guidelines for Exercise Testing and Prescription)[M]. 北京:人民卫生出版社,2010.

[27]杨忠伟. 体育运动与健康促进[M]. 北京:高等教育出版社,2004.

[28]谭延敏,张铁明. 有氧健身操对中老年女性身体形态影响的实验研究[J]. 山西师范大学学报,2004,19(4):149-151.

[29]江崇民,张一民. 中国体质研究的进程与发展趋势[J]. 体育科学,2008,28(9):25-32.

[30]代毅,梁岷,柯遵渝,王朝琼,沈华,徐明. 有氧健身操运动对城市中年女性体质的影响[J]. 成都体育学院学报,1998,(4):32. 33.

[31]田麦久. 运动训练学[M]. 北京:人民体育出版社,2000.

[32]国家体育总局. 2010 年国民体质监测报告[M]. 北京:人民体育出版社,2011.

[33]郑秋甫. 适量运动[J]. 解放军保健医学杂志,2004,6(4):254-255.

[34]杨静宜. 徐峻华. 运动处方 DIY 力量[M]. 北京:北京体育大学出版社. 2004. 7.

[35]刘星亮,等. 体育测量与评价[M]. 北京:北京体育大学出版社,2006:32.

[36]赵光. 有氧健美操对女大学生心血管功能的影响[J]. 四川体育科学,2003,(2):16. 17.